ソディの貨幣制度改革論

ノーベル賞化学者の経済学批判

寺岡　寛
Teraoka Hiroshi

信山社
SHINZANSHA

はしがき

「守破離」という言葉がある。「道」といわれる日本の伝統芸でよく使われてきた。茶道、華道、書道、武道などで新しい何かを生み出すには、まずは基礎的な技術・技能にあたる「型」を反復練習で身体化させる。これが「守」である。ついで、その「型」から脱皮して、自分に合った「型」を模索する。これが「破」にあたる。最後は、新しい何かを創造するために、師匠の「型」もそれまでの自分の「型」にもこだわらず自由に活動する。これが「離」である。守破離は、それぞれの学問史や学術史にも当てはまる。自然科学でも、社会科学でも首肯できる。「守」から「破」を促すのは、かつての理論＝型が現状をうまくとらえることができない場合に、模索される新理論への積極的な試みである。「離」とは、それまでの理論を新たな視点から統合するような新体系への模索を指す。

化学においても、経済学においても、新たな物質の発見・発明を通じて新たな理論を築いた専門家の個人的軌跡にも、守破離への試みは確認できる。職人であれ、研究者や専門家であれ、あらゆる職業で過去の蓄積からまったく独立して、最初の一歩を踏み出すことなどできない。守破離は、ややもすれば、同一分野での人びとの営みを前提にしている。本書でとりあげる、イギリス人のノーベル化学賞受賞者で、その後、経済学へと転じたフレデリック・ソディの場合は、異なる分野をまたいで、守破離を行った。守破離は、異なる分野間でも成り立つ。ソディの名前は、化学辞典や化学史には登場しても、経済学辞典には登場しない。ソディは、貨幣の本質性を分析対象とした。だが、貨幣論の教科書や経済学辞典の「貨幣」欄の参考文献に、彼の名前や著作を見出すことはない。貨幣思想史を探る哲学者の内山節も、その著『貨幣の思想史――お金について考えた人びと――』で、経済思想史の中で貨幣を扱った代表論者を一三人選び出し、その思想を紹介している。ただし、ソディは取り上げられてはない。

ソディは化学史で物理化学や放射線科学の項目で取り上げられるが、貨幣思想家、あるいは貨幣経済学者として取り上げられることはない。最近になり、経済学の著作でソディが取り上げられたのは、エントロピー経済学においてであった。エントロピー概念は、理工学専攻者には御馴染である。ただし、化学や物理と経済学との関連性を問うことはまことに少ない。もっとも、経済学者のなかには物理学や数学から経済学へと転じた人もいるにはいる。本書では、ソディの化学から経済学への歩みを追い、彼の経済学を取り上げる。わたしの場合も化学から経済学へと転じたこともあり、個人的にも大いに興味を持ってきた。彼が化学的方法論の延長上に経済学を形成したのかどうかは、わたしならず、多くの人たちにとっても興味を引く問題ではなかろうか。

経済学者のハーマン・デイリーは、『成長を超えて――持続可能な発展の経済学――』（邦訳『持続可能な発展の経済学』）で、この点について「ソディは、科学の進歩と、科学的知識の果実がすべての人びとによって共有される社会の可能性について、熱い信頼を寄せていた」と前置きした上で、つぎのように自らの考え方を紹介する。

「その考えとは、科学が、人類にとって恩恵をもたらすのと同程度に、災いのもとであるというものだ。科学者には彼らの研究の擁護について責任はないという気楽な考えも、彼は受け入れることができなかった。彼の考え方では、たとえ他の人びと（銀行家や経済学者）のほうが、知識の誤用に対する罪の責任がはるかに大きいとしても、科学者は無罪を主張することができないのだった。世界の真に深刻な問題は、誤った科学ではなく、誤った経済学であり、約八〇年の彼の人生の後半にあっては、化学に代わって経済学が知的活動の中心だった。」（新田功・藏本忍・大森正之訳）。

化学では――実際には物理学との境界線であるが――、ソディのアイソトープ理論などがなければ、その後の原子力利用のあり方も異なった。ソディ自身は、原子力エネルギーの社会的影響の負の面に、すでに気づいていた。彼は、科学発見の誤用の構図に、経済学のそれを重ね合わせていたようだ。デイリーなどは、そのように見通している。デイリーはいう。

「ソディにとって、原子力エネルギーや科学の他の成果に対して最終的に世界を安全に保つためには、課題は経済状態を変革することだった。つまり、科学知識の賜物をこうした恐怖に変えてしまうのは、経済思想と経済制度にどこか根本的に間違っているところがあるにちがいない、ということだった。こうしてソディは経済学の徹底的な批判に向かった。」

これは、ソディの経済学を理解する上で大事な視点である。ソディは読書家であり、若いころには文学などに親しんだ。だが、その文章はお世辞にもウィットに富んだものではないし、科学の明晰さとは無縁なような難渋な文章が続く。どこかで発想がいつも飛躍するし、文章の区切りも適切ではない。読むのに非常に苦労させられる。とはいえ、ソディの著作は、経済学は科学なのだろうかと、つねに緊張感をもって自問させる何かがある。同時に、そこには色濃くソディの人間観や宗教観が反映されている。ドイツ生まれの英国人エルンスト・シューマッハーは、『スモールイズビューティフル』で科学と教育との関係について、つぎのように指摘する。それは、ソディの主張にも重なる。シューマッハーはいう。

「科学を教えるとき、科学の前提だとか、科学法則の意味や意義、自然科学が人間の思想という全体像の中でどんな位置を占めているのかといったことが忘れられている。その結果、科学の前提も科学が発見したものと通常誤認されている。事実、経済学を教える場合では、今日の経済理論の前提となっている人間観が意識されていない。経済学者の大半が、自分たちの教えている経済学の中にそういう見方が含まれていて、それが変われば経済理論も変わらざるをえないということを知らないのである。」

ソディの経済学を四苦八苦しながらも読み通してみて、わたしもつよくそう思う。最後になったが、ソディの著作での「マネー（money）」という言葉である。ときに、この言葉は「貨幣」、「お金」、「金・銀」、「硬貨（鋳造貨幣）」、「紙幣」、「通貨」、「信用システム」等々に置き換えるべきかどうか、大いに悩んだ。多くの場合、「貨幣」としている。ソディの著作ではいうまでもなく、すべて「マネー」である。本書では、化学者ソディの経済学における歩みを辿り、忘れ去られた経済学者ソディの現在的意義を探る。

二〇一八年八月

寺岡　寛

目　次

目　次

序章　フレデリック・ソディ

ソディは一種以上の原子が、周期表の同じ番号表上の同じ位置におかれうるという、大胆な提案をした。原子番号九〇の場所は、トリウムのさまざまな変種を、原子番号八二の場所は、鉛のさまざまの変種を入れることができるだろう。彼は周期表で同じ位置を占める原子の変種を、「同じ位置」というギリシャ語からとって、同位体（アイソトープ）と呼んだ。

アイザック・アシモフ『化学の歴史』（玉虫文一・竹内敬人訳）

1

フレデリック・ソディは、一八八七年九月、英国南部イーストサセックスのイーストボーンに生まれた。ソディは、地元カレッジなどをへて、オックスフォード大学で有機化学を専攻した。卒業後、カナダに渡り、モントリオールのマッギル大学で、アーネスト・ラザフォード（一八七一〜一九三七）と放射性元素の共同研究を行っている。ラザフォードは、ニュージーランド出身のマッギル大学教授で、一九〇八年に、放射性化学物質の研究でノーベル化学賞を受賞する原子物理学者であった。ソディは、数年後、スコットランドのグラスゴー大学へ移り、研究を続けた。ソディは、アイソトープ（同位元素）を、ラジウムの研究をつうじて発見する。その後、アバディーン大学をへて、一九一九年にオックスフォード大学の化学教授となる。この二年後、放射性元素の崩壊理論とアイソトープ理論の展開によって、ノーベル化学賞を受賞する。

このように、ソディの研究者としての歩みを描けば、高校時代の化学や物理の時間で習った前述の原子核物理学の父といわれるラザフォードほど馴染みがないかもしれないが、純粋な科学者であったという印象が残る。なかにはアイソトープという用語はなんとなく知っている人がいても、ソディの名前を記憶している人はそう多くない。原子核物理や物理化学に絞ってソディを論じれば、それはアイソトープの概念発展に業績のあった一化学者のはなしに終わってしまう。多くの人たちは、ソディのその後の研究者としての歩みをほとんど知らないだろう。彼はノーベル化学賞の受賞のあと、経済学者へと転じたのだ。

ソディは、一九二一年に二冊の著作を出版した。一冊目は、『デカルト主義経済学——物理学の国家的役割への影響論——』という小冊子である。二冊目は、『科学と人生——富・虚構の富・負債額対人間——』である。さらに、一九二六年に、『富、虚構の富と負債——経済的パラドックスの解決——』、一九三三年に『貨幣対人間』が出版された。ソディは、その後も、貨幣に関する論考を発表した。

2

ソディ経済学について、すでに紹介した経済学者のハーマン・デイリーは、『成長を超えて——持続的発展の経済学——』（邦訳『持続可能な発展の経済学』）で、彼の重要性をつぎの二点でとらえる。

（一）一九二〇年代にすでに経済学にとって、「熱力学の法則」が決定的な重要性をもっていることへの認識があったこと。

（二）貨幣について、それが負債（バーチャル）と富（リアル）の側面をもつ存在であると理解していたこと。

これらの点については、それぞれの章で取り上げるとして、経済学の最初の著作となる『デカルト主義経済学――物理学の国家的役割への影響論――』は紛れもなく時代の子である。この小冊子が出版された頃を振り返ると、英国内外の動きでいえば、旧ソ連では革命後の内乱がまだ完全に終結しておらず、米国でも労働運動やストライキで騒乱が続いた。ソディの英国内でもアイルランド独立運動をめぐって、血なまぐさい事件が続いた。

化学者のソディが関心を寄せた化学産業では、米国で大きな動きがあった。たとえば、それまで硫酸メーカーであったゼネラル・ケミカル社は、染料生産などを意識してアライド・ケミカル・アンド・ダイ社を設立している。その後、大きな発展をする石油化学製品の分野でも、ユニオン・カーバイド・アンド・カンパニーが新会社を設立している。

もうすこし振り返ると、『デカルト主義経済学』の出版年には、旧ソ連では経済危機が起こった。米国では基幹産業の鉄鋼業で賃下げが行われ、それに反発した労働組合がストライキを行っている。この年、米国では年間に二万社以上の企業が倒産し、三〇〇万人をはるかに超える失業者が、労働市場に放出された。ハーディング大統領は、当時、商務長官で後に大統領となるハーバード・フーバーに失業対策委員会の設置を命じた。ソディの英国でも、一時、二五〇万人を超えた深刻な失業状況は改善されつつあったが、賃金引き下げの趨勢は止まらなかった。

米国で、景気回復の基調が自動車産業(*)を中心にようやくはっきりとしてくるのは、一九二三年以降である。炭鉱労働者などのストライキも、まだ勃発していた。英国も経済的には苦境が続いた。一九二四年には、労働党が総選挙で大勝利したものの、その後、保守党が盛り返し、労働党内閣は政権の座を降りている。

＊　米国の自動車生産は一九一四年には五四・四万台であったが、一九二三年にはその七倍ほどに拡大していた。

この時期に世に出たのがこの小冊子であった。同著は、ソディが英国のロンドン大学バーベック・カレッジと経済学部――ロンドン・スクール・オブ・エコノミックス――の学生自治会で行った二つの講義内容を収録したものである。ソディは、第一回講義を、「物理学の既存知識を、『人はどう生きるべきか』という疑問へ（その解答として）持ち込もうというのが、わたしの意図だ。この疑問に対しては、経済学者がまずは答えるべきものだ。……現代の経済学者は、この種の疑問があることすら忘れてしまったようにみえる」と始めている。ソディは、デカルト主義経済学批判を通じて、学生たちを相手に当時の政治経済問題について熱心に語っている。聴講学生たちは、オックスフォード大学の化学教授が語る既存経済学への批判をどのように受け止めたか。興味のあるところである。

なお、ソディの経済学講義の第一回目（一九二一年一一月一〇日）の司会者は、ネイチャー誌の編集長のリチャード・グレコリー卿（一八六四〜一九五二）であった。この講義では、ソディは熱力学法則など科学的思考の重要性と社会科学への応用性、経済問題については、金融制度の変革を取り上げている。

3

ソディの生涯については、リンダ・メリックスがフレデリック・ソディ研究基金によって、ソディの残した書簡、雑誌や新聞の記事、論文、彼を個人的に知る人たちへのインタビュー、当時の資料などを渉猟して、ソディの伝記をまとめている。メリックスは、『世界が新しくなった――フレデリック・ソディ、科学、政治、そして環境――』で、ソディは内向的で読書を好み、フィンズベリー技術大学(*)の物理学教授との出会いから、化学あるいは電気化学の分野で活躍することを夢見るようになったと指摘する。ソディは化学に興味をもった早熟の少年であったことを紹介している。その後、大学教授となったソディは大学での同僚や予算獲得をめぐる学内政治などで、お世辞にも評判が良くなかったのは、ソディの少年のころからの内向的な性格に由来すると、メリックスはみている。

＊　ロンドンに、一八八三年に設立された英国で最初の技術大学（Technical College）である。アカデミックな学校というよりも、実業学校の色彩が強かった。

ソディの学生時代は、ドイツの大学や研究機関が世界の科学分野を主導していた時代であり、英国からドイツに留学する研究者や学生たちも多かった。英国は、とりわけ化学で先進国であったドイツを追いかける立場にあった。このなかで、ソディは、英国にとどまり、理系が充実していたケンブリッジ大学ではなく、オックスフォード大学に進学する。内向的でどちらかといえば、へそ曲がりな性格が働いた結果であろう。ソディは、一八九八年に同大学を優秀賞で卒業する。最終試験で、その後の運命に大きな関わりをもつことになる化学者ウィリアム・ラムゼイ（一八五二～一九一六）(*)と出会う。ソディは、卒業後に化学者の道を望んだものの、当時、英国内でも化学研究者のポストがなかった。ソディは、英連邦のカナダのトロント大学でポストが空くかもしれないという話を聞いて、若者らしい行動力でカナダへ向かう。メリックスは、前掲書で、「信じられないことだが、トロントから正式な返事もないのに、ソディは荷造りし、推薦状を揃えて、カナダへ旅立った」と記している。

＊　英国スコットランドのグラスゴー生まれ。ドイツのハイデルベルク大学に留学、英国ではブリストル大学、ロンドン大学で教授となる。一八八六年に圧力と融点との関係を明らかにした法則、一八九三年には表面張力と温度との関係を発見したほか、ヘリウム、ネオン、クリプトン、キセノン、ラドンなどの実験的確認を行っている。ソディとは共同研究で、ラジウムといった放射物質がヘリウムを生成することを証明している。一九〇四年のノーベル化学賞を受賞。

人生とはなんとかなるもので、ソディは、ニュージーランド生まれで、カナダで研究生活を送っていたアーネスト・ラザフォード（一八七一～一九三七）(*)と出会った。マッギル大学でのラザフォードとの共同研究が、その後のノーベル化学賞の受賞につながる。ラザフォードは物理学者としてのイメージも強いが、ラザフォードのほうは、一九〇八年にノーベル化学賞、ソディのほうは、一九二一年にノーベル化学賞を受賞している。

＊　英国の大学で学び、キャベンディッシュ研究所で研究を続ける。カナダのマッギル大学、英国ではマンチェスター大学の教授を務めた後、キャベンディッシュ研究所の所長などに就く。ロイヤル・ソサイティ（ロンドン王立協会）会長。α線、β線、γ線を発見し、ソディとともに原子崩壊説を展開、ラザフォードの原子模型、原子核反応の実験などの功績がよく知られている。

メリックスは、両者の受賞の時間差について、この間の事情はいろいろと複雑であったとしながら、つぎのように説明する。ラザフォードは基本的には純粋科学重視の実験家であり、ソディもまた優秀で実践的な化学者であったとはいえ、哲学者でもあったことがこの時間差に表れたのではないかとする。要するに、異国地での研究生活を長く続けたラザフォードのほうが研究成果の発表により積極的であった、ということなのだろう。彼女は、両者のその後の歩みを示唆するように、つぎのように指摘する。

「ラザフォードは自身の仕事について純粋科学的な関心があり、他方、ソディは、自身の錬金術への関心に回帰しつつ、自分たちの発見を歴史かつ社会的な文脈のなかで理解しようとしたのである。」

振り返ってみれば、ラザフォードは、一九世紀後半に化学がようやくそれまでの錬金術から脱して、大学などでもそれなりの位置を占め始め、やがて、化学上の多くの発見や発明が化学者の意図を超えて大量殺戮兵器へと応用され始めた二〇世紀に生きていた。ソディも、他の多くの化学者と同様に第一次大戦での化学兵器などの使用から、やがて原子力が兵器へと応用されるのも、時間の問題とみていたようにも思われる。換言すれば、ラザフォードは原子力の使用に楽観的、ソディはより内向的、哲学的にその使用に暗雲をみていた。この点について、メリックスは、「ソディは戦争には反対しなかったが、戦争が一旦始まってしまった時には科学の使用に反対したのである」として、つぎのようにソディの心の内を忖度する。

「他の多くの人たちと同様に、ソディの後悔は、窒素の固定法のような発明は、平和時には社会の幸福増進に大きく寄与するが、戦争時には邪悪となることであった。……興味深いのは、ソディ自身の四〇年後に書かれたメモのなかでは、戦争に対する反応はまた違ったものであった。戦争はソディの信念にきわめて重要な影響を与えたことは確実であり、これによって彼の関心は科学から社会改良のようなところへ向かったのである。とりわけ、そのきっかけはモズレーの死去であった。」

ヘンリー・モズレー（一八八七〜一九一五）とは、オックスフォード大学卒業後に、マンチェスター大学教授時代のラザフォードの下で研究を続け、原子番号の意味と周期表の作成に大きく貢献した前途有望な若き研究者であり、戦死することがなければノーベル賞受賞が確実であった人物である。一九一九年に、オックスフォード大学に戻り化学教授となったソディは、本格的な化学研究から離れて、経済学や社会改良、労働運動や政治に関心を移した。この進路変更は、同僚たちや英国の化学研究者たちとの関係が、ソディにとって必ずしも居心地が良いとはいえなかったことを示唆する。メリックスは、当時のソディについてつぎのように紹介する。

「ソディは、自分が社会の病巣ととらえていたことの解明に一生をかけて取り組み始めた。最後まで、彼から科学的関心を奪い去った経済学の読解プログラムを始めてしまった。そのなかでも、マルクス、ラスキンやさまざまな信用理論を読んでいた。……熱力学法則に基づいて、ソディはその科学的知識を使って『科学的』金融理論を構築しようとしたのである。」

ソディの経済学観に大きな影響を与え続けたのは、ジョン・ラスキン（一八一九〜一九〇〇）である。この点については、メリックスも、「ラスキンが経済学の『科学的』特質、つまり、具体的な事例による本質的かつ経験的証拠の必要性を強調した」ことがソディを惹きつけたとみる。ソディは化学の研究者であったが、科学法則――とりわけ、熱力学――を応用して、フローとしての「富」と「貨幣」の分析を通じて、彼自身の経済学を構築していくことになる。そうした経済学を通じて、ソディが主張していたのは、暴力的な改革を通じた社会主義ではなく、貨幣システムの改革や生産手段などの国有化を通じて失業問題や生活の質の向上を目指す経済システムの構築であったにちがいない。

第一章　化学と経済学の狭間で

医学が魔術と区別され、天文学が占星術と区別されたように、ほんものでない経済学と区別されなければならない。真の経済学という学問は、生命に導くようなのを望み、かつ働くこと、また破壊に導くようなものを軽蔑し、破棄することを国民に教えるような学問である。

ジョン・ラスキン『この最後の者にも』（飯塚一郎訳）

1　デカルト主義経済学

フランスの哲学者ルネ・デカルト（一五九六～一六五〇）の名前は、多くの哲学者のなかでも親しい。デカルトのラテン語名は、レナトゥス・カルテシウスである。ここから、デカルト主義者は、カルテジアンと呼ばれることになる。ロンドン大学でのソディの講義録『デカルト主義（学派）経済学』から、彼の経済学を紹介しておこう。ソディは、まずデカルトの著作の引用から講義を始めている。彼はデカルト経済学について、つぎのように取り上げた。

「学校で教わる思索的哲学の代わりに、人生にとってもっとも有用な知識のかたちから、そして、わたしたちが労働者の就くさまざまな職業について知るように、わたしたちは、火、空気、星や周りにあるその他の物質を生む力や過程について知ることからはじめて、それらの知識を同じやり方で使うことができ、自然の理解者と占有者として振舞い、人間の生活を完璧にすることに貢献できるようになるのだ。」

このあと、自然科学者らしく、ソディは「そこに人、機械、電気などどのような形容詞をつけようが、運動力（パワー）こそがデカルト経済学の出発点である……デカルト経済学の出発点はこのようにエネルギーの保存と転換の周知の法則、すなわち、熱力学の第一法則と第二法則からである」と述べている。ソディ経済学へのその後の評価者は、もっぱらエントロピー法則(*)を重視する経済学者や環境経済学者であったことを考えると、ソディ経済学の発想の原点はこのあたりにある。

＊　エントロピーの法則＝熱力学の第二法則は、必ずしも分かりやすい概念ではない。この法則について、デイリーたちは以下のように解説している。「エントロピーは孤立したシステムでは減少しない。物質とエネルギーは量的に不変だが（第一法則）、質的には変化する。質の尺度はエントロピーである。基本的には、我々にとって有用な物質やエネルギーの〝使い果たし〟度合いや、それらの構造ないし容量の乱雑さの度合いを表す。エントロピーは孤立システムでは増大する。我々は宇宙は孤立システムであると仮定しており、したがって、第二法則に従えば、宇宙の自然の、つまりデフォルトでの傾向は、〝整理すること〟ではなく、〝ごちゃまぜにすること〟である。卑近な言葉で言えば、放っておくと物は混じり合って散らばっていく、ということである。整理は自然には起こらない。」デイリー・ファーレイ（佐藤正弘訳）『エコロジー経済学——原理と応用——』NTT出版（二〇一四年）。

ソディの問題提起は続く。彼はいう。「わたしの考えでは、進歩を妨げているのは二つの誤謬である」と。

一つめの誤謬は、何事でも、それらを単純化させて理解しようという一元的な考え方である。もう一つの誤謬について、ソディはつぎのように指摘する。

「二つめの誤謬は、おそらく経済学分野でより共通してみられるものです。それは超物質主義と呼んでもよいでしょう。それは、つねに進化してきた生命現象のすべてが無生物世界に由来しているとみなす試みなのです。根源的物質の塊から、より複雑な形態へとすすみ、最初は簡単な元素、そしてより複雑な元素へ、いわば化学物質から複雑なコロイドへというように始まる。……無生物的な分子から始まり、生命は進化の過程を通じて人類になる。これは生物学者を満足させても、わたしのような化学者を満足させることはできない。わたしには、無生物的なメカニズムは想像できない。（中略）……生命、あるいは生命メカニズムとは、わたしにとっては二元論であって、どちらかの要素を支配的なものとして理解することは、致命的な誤りなのだ。だが、経済学者は、とりわけ自然法則を人間性の法則であると勘違いして、この熱力学的かつ社会的な現象の混じり合った状況を、不変的経済法則によって権威づけしようとするのだ。」

ここで、ソディは、英国生まれのユーモア作家で政治学者、カナダで教鞭をとったスティーブン・リーコック（一八六九〜一九四四）の著作から「哲学とはわたしたちが精神について何も知ることができないことを証明する科学である。医学はわたしたちが身体について何も知らないことを教えてくれる科学である。経済学（Political Economy）とはわたしたちが富の法則に何も知らないことを教える科学である……」と引用している。

換言すれば、ソディは、人間という生物の活動である経済を無生物的な法則でもって、解明しようとするデカルト主義経済学の考え方に疑義をはさんだ。そのようなデカルト主義経済学の是非について、ソディはつぎの二つの有効性をもつ考え方を紹介する。一つめの考え方は、人体の代謝過程を知ることの有効性。「生命（維持）有効性（Life-use）」と名付けられた。二つめは、無生物的エネルギーによって、直接的に行われる外部的な仕事あるいは労働の有効性である。「労働有効性（Labour-use）」と名付けられた。「生命（維持）有効性」とは、いわば時計のネジを巻くようなメカニズムである。後者の「労働有効性」とは、風による航行のように、自然エネルギーなどを意識的に活用することである。科学の成果が応用されれば、石炭の活用が従来の農業だけではなく、工業も発達させることになる。その結果、生命維持はエネルギーの継続的フローに、ますます依存するようになり、生命維持の必要条件である富は、蓄積（ストック）ではなくフローと解釈される。ソディは、そのような文明と自身のエネルギー観について、つぎのように述べる。

「わたしたちの文明を支える基本的な事実とは、人は燃料を利用する機械の助けにより、自分たちの外部労働を軽減させたが、一方で、新しい太陽光と植物により、自らを燃焼させることができるだけだ。野菜の世界だけが、無生物エネルギーの元々のフローを生命エネルギーに転換できるのだ。動物は、この転換に継続的に影響を与えることなどできないのです。……エネルギーの源泉が何であれ、最後からの二番目のステップとは、動物を食物とするまえに、まずは植物による貯蔵なのです。……生命に役立つのは、植物の仲介があってこそで、石炭は一旦燃焼するとあとは消え去るのみだ。農業や耕作を通じた辛くて無駄の多い労苦は、もう一度やってきたのだ。前世紀での科学の顕著な発達にもかかわらず、農業者、農民や農業労働者は、経済上の支配階級となり、科学の新発見が彼らに影響を与えるまで、その地位にとどまるだろう。わたしの考えでは、現時点で、このことは経済学や社会諸科学において、少なくとも明白でもっとも根源的な事実の一つなのです。」

英国では、石炭(*)の利用——ソディの言葉では「石炭が王様となった（coal became king）」——は、産業革命をもたらし、工業の急速な発展を促した。ソディは、英国の人口動態を取り上げ、一八〇一年の一〇五〇万人から一九九一年の四〇〇九万人へと増加した一方で、アイルランドは、同期間で五〇〇万人から四三〇万人へとむしろ減少したことにふれる。その差異の要因は、まさに食品などの工場生産の拡大に起因しており、「デカルト主義経済学なら、アイルランドの問題の原因をすぐに解明できる」と語る。

＊　ソディは英国炭鉱史をきちんと振り返っているわけではないので、すこし補足しておく。石炭の登場によって、それまでの人力や馬力を利用した動力が大きく変わり、エネルギー革命によって英国での産業革命が一挙に推進されることになる。一六世紀半ばころの採炭量は世紀を追うごとに増加を続け、一七世紀末には英国が世界の石炭生産量の圧倒的な割合を占めるようになった。

　この背景には、採炭時の水を排水するポンプの発明があった。それまでの馬力に代わって、トマス・ニューコメン（一六六四～一七二九）の揚水機、ジェームズ・ワット（一七三六～一八一九）のニューコメンの発明をさらに進めた蒸気ポンプの発明が炭鉱排水効率を一挙に高めた。その後、ワットの蒸気機関は炭鉱の排水ポンプだけではなく、動力機関としてさまざまな産業の機械化に大きく寄与していくことになる。

　同時に、石炭の火力そのものを高めるコークスの発明もまた、鉄鉱石の溶融に大きな改善をもたらし近代工業の基礎となる製鉄業の発達を促した。製鉄業の発達は機械・金属工業の興隆を促した。石炭の経済社会的な影響はきわめて大きかったのである。

そうした英国の華やかな繁栄といえども、やがて短期間のものに終わることが運命づけられていると、ソディは講義のなかで主張する。そして、当時の「帝国主義（Imperialism）」の行く末を批判した。ソディはいう。「石炭こそが真の資本であり、資本家の文明とは、まさに石炭の消費の上に成立しています。しかし、石炭を消費しつつ増え続ける人口の生計手段に関しては、石炭の使用は、間接的でありやがて終焉するだろう。これは資本主義の大きなパラドックスなのです」と。ソディは、資本主義の果てしない成長は、最終的に戦争をもたらす危惧を開陳する。当時、第一次世界大戦の記憶がまだ新しい時期であったことを振り返れば、ソディの危惧は当然の指摘かもしれない。いずれにせよ、石炭という化石燃料の使用量の拡大と、工業生産の拡大の果てしない相互の循環は、エネルギーの継続的フローと富との関係とは何か、という問いを、当時も現在においてもわたしたちに突きつける。

それでは、経済学（ポリティカル・エコノミー）とは、この課題にどのようにして応じられるのか。とりわけ、「富」とは何か。「富」と「負債」との関係は何か。ソディは、聴衆に熱心に問いかける。彼は、富と負債について「これこそが、わたしの正統派経済学（orthodox economics）とのもっぱらの論争点であって、正統派経済学は、本質と影とを混乱させたのです。正統派経済学は、負債と富を取り違えているのです」と強く主張した。ソディは、富についてつぎのように発言する。

「共同体（コミュニティ）[*]の富とは、その収入（所得）であり、最後の分析にもあるように、それは生命（維持）の目的に利用されるエネルギー収入（所得）のことである。それが十分な量で供給され、かつ時代の既存知識によって利用されれば、社会生活に必要なすべてのことは維持されよう。だが、このフローはいかなる水準であっても、蓄えることは不可能なのです。たしかに、水を多大な費用でもって堰き止め、水を貯めることはできよう。しかし、水を使わなければ、貯められた水は蒸発し、そして漏れ出てしまう。

同じように、いや、もっとも望ましくない条件でもって、電気エネルギーを貯めることができようが……」。

＊ ソディは、講演のなかでも「コミュニティ」という言葉を多用している。これを「共同体」と訳すべきか、あるいは、前後の文脈から「地域社会」や「同一組織体」と訳すべきか迷うところだが、ここでは「共同体」としておく。

ソディは、この後も、自身のエネルギー論を続ける。電気エネルギーも、電池に貯めることができても限界があること、地中に蓄えられている石炭も、フローとして使えば消え去ること。このフローをいろいろな日用品のかたちに加工したとしても、その後は同様であること。ソディは、「富」という概念を「それは所得であり、蓄積できないもの」と定義づける。興味を惹くのは、ソディが富論を共同体と個人とに分けて、別々に論じていることだ。まず、ソディは個人にとって富とは何かと問う。「個人の富とは、共同体のそれとはまったく異なる。共同体での一般的現代人（the ordinary modern individual member of the community）は、自分自身が一週間生き延びるための十分な富を所有していない」とした上で、実際には、個人はコヤス貝であろうと金属片であろうと、通貨という法定の代用品や紙幣が流通していることによって、実際の富を保有しているとみた。

ソディは富について、ラスキンの考え方に言及しつつ、その分配面についてもふれる。つまり、個々人が富を蓄積すればするほど、公共サービスに振り分けられるべき富が少なくなるとすれば、「科学的人間の関心事とは、社会の厚生（general well-being）を増やすにはどうすればよいのか」といった点に向かうべきで(＊)

ある。経済学（political economy）が科学であるかぎり、その点の解明こそがもっとも重要であり、とりわけ、「富」に関してその概念を明確にすべきである。経済学（ポリティカル・エコノミー）とは、生命に関わる科学法則を無視するのではなく、社会厚生との関わりにおいて富や貨幣の役割を論じるべきであること。その際にはエネルギー法則を応用すべきことを、ソディは講義の中盤で強く主張した。

＊　ソディは、科学的人間（scientific man）についてここで何ら説明を加えていないが、科学的合理性を理解できている一般人たちという意であろう。

ソディは富の分析家の先駆者として、とくにジョン・ラスキンを取り上げ、ラスキンがつねに個人の利益と国の利益とを峻別し、少数の個人への富の集中のもたらす社会的影響を危惧していたことを積極的に評価する。このように、ソディにとって、まず「富とは、たとえば、生命維持に必要なもの、すなわち、誰にでも明白で容認できるものから構成されているのであって、もしそれが太陽光、酸素、あるいは、水のように無制限に豊富に手にすることができなければ、それは経済学的な意味で、もはや富ではないのです。そのような条件のどちらを欠いても、生命は維持できないでしょう」と述べる。

ソディにとっては、生命維持の必要条件を明らかにすることこそが科学であった。にもかかわらず、経済学は、自然資源の有限性を正しく考慮せず、そのような制限をむしろ無視することで、無限に拡大できる負債――のちのソディの言葉でいえば仮想的な富――に囚われすぎていることを、講義を通じて強く批判した。ソディは、自説への聴衆の反発をつぎのように予想した上で、経済学者の非現実的な考え方をさらに批判した。

「若い多くの経済学徒は、わたしが負債という言葉を二つの意味——経済学者は同じように使っているが——で使い、それをもてあそんでいると、おそらく指摘するにちがいない。事実、生命の科学法則に無知な経済学者は、富を入手する権利に関する法律や慣習法とは無関係で、実際には富を保有しない個人など考慮せず、富のいかなる概念化にも着手していないままだ。だが一方で、人間はいかにして生きるのかという問題に対して、エネルギー法則を応用するわたしは、そうした概念にたどり着いてきたのです。

結論からすれば、わたしは、負債のもっとも一般的なかたちである貨幣に注意を払います。なぜなら、この因習について、正しい考え方が普及せず、貨幣の購買力が重さや長さという基準で正しく規定されないかぎり、社会に平安が訪れることはありえないし、また、精巧な政治的・社会的体制だけが、単につまらないつくりごととして、残るだけなのです。」

ソディは、富と負債の関係を「貨幣」の本質から考えようとする。ソディは、戦争のおかげで、だれでもが貨幣の真の性質を理解できるようになったとみた。ソディはいう。「食糧券としての富＝所得は、食糧供給と同じ関係をもち、あるいは、劇場で上映される演劇に対する入場券の関係と同じなのです。しかるに、現在、所得と貨幣の間には、出生率と気圧計との関係よりもつながりはないのです。収入とは、収穫の機会、自然の生産性に影響する疾患の流行、あるいは、無病、大嵐、干ばつ、太陽光のような諸原因から得られる。貨幣は、昔も現在も、金の採掘人の幸運と思いがけない発見、シアン化といった単一の革新的技術が供給量を画期的に増加させた貴金属抽出知識の状況……に委ねられている」なかで、価格はまるで小型アコーディオンのように上下している、これはまるで手品のようだという。

ソディは、貨幣が交換手段として機能するのであれば、収入の増減とともに、貨幣を規制する必要があるとする。カリフォルニア州、南アフリカ、オーストラリアでの金の発見ブームが起きるごとに、貿易や経済が盛んになるとされるが、人びとの厚生にとって、それがはたして繁栄を意味するのか、と彼は問う。

「化学者にとって、どんな金属でも、金でさえ、その神秘的な価値はすべて、想像上の幻想のようにみえますが、わたしには実際にきちんと説明できるまで二〇年もかかったのです。前世紀に……科学が石炭で保存（貯蔵）されていたエネルギーの消費によって、大きく飛躍して世界の富を増加させた。もし、食糧がそれに呼応した新しい食券の発券なしに増加するとすれば、古い切符のすべての所有者は、それに応じてより多くの食糧を手に入れることになる。もし切符発券が食糧供給と同時に増加すれば、古い切符の所有者は以前と同じ量を手にして、新しい人たちは食糧の余剰分を手に入れることになる。このように繁栄の華やかな時代に、それが金鉱の発見であろうと、あるいは小切手の発明であろうと関係なく、貨幣の増加は、さらなる繁栄というものはコミュニティの債権者へ向かわず、貨幣の増分に合致した一部分は新しい人たちに向かい、全体的な繁栄がその結果となる。お金をただ単に印刷し、国債を償還するために使うことはなんと簡単なことなのだろうか。」

ソディが印刷された貨幣＝お金を論じる際に、ドイツ人実業家で自由貨幣論を展開したシルビオ・ゲゼル（一八六二～一九三〇）や、英国の実業家・経済学者で利子論を展開したアーサー・キットソン（一八六〇～一九三七）に言及しているのは興味深い。ソディは「お金は、単に価値の尺度として機能するのではなく、交換手段として、また、価値の蓄えの手段として機能すべきである」とする。では、金はどうなのか。ソディは戦争中に貨幣の金への兌換が停止されたこと、あるいはその後もそれが続いたことを振り返ると、価値とはどこにあるのか、と問う。ソディは第一回目の講義をつぎのように締めくくる。「文明は、そのもっとも重要な意味において、富のほとんどに貢献した人びとではなく、まさに文字通りの意味において、負債をもつ人びとの手にあり、このシステムの下では、おそらくますます負債が多くなるだろう。」

それゆえに、ソディは、債権者ではなく共同体の福祉の増進にとって何が重要であるかを示唆しようとした。

2

第二回目の講義では、ソディは、経済学者としてのラスキンに言及したものの、それが舌足らずであったと感じたのか、自説が「ずいぶん昔に到達したラスキンの考え方」に類似していることから話しを進めている。ソディは第二回目の講義の冒頭でつぎのようにふれている。

「交換において利益がないという点で、わたしは不当だと思いますが、一人の著名な経済学者がラスキンを非難した。わたしも、ラスキンを古臭い経済学者と見なすことが流行っていることをよく存じていますが、実際のところ、この点に関する判断には、機がまだ熟していないのです。だが、交換において利益が生まれないという実の申し立てでは、利益という言葉に付随した意味の違いがあるのです。」

ソディは、経済学者は「負債」を「富」と混同しているとみる。「富」と「負債」については、その違いを明確に区別すべきことを強調する。彼は、ハム商人の事例を挙げる。利益率一〇パーセントでハムを売っているハム商人は、九枚売っているときに、一〇枚目のハムを仕入れる。ハム商人は一〇枚売ることで、一枚のハムを買うことができる。だが、彼はハム一枚分の利益を得ても、ハムを生産したわけではない。そこには、ただ一〇枚のハムがあるだけである。ハムは、太陽光からつくられるジャガイモの皮で飼育された一定数の豚からつくられる。有用エネルギーに具現化されたかたちでの富とは、エネルギー保存則によってプラスに対してマイナスが対応している。この場合、幸運にも、プラスは地球の勘定の貸方に計上され、マイナスは太陽の勘定の借方に計上されている。地球からみれば、それは富の創造ということになる。ソディ経済学においては、富とは何らかのかたちをとったエネルギーなのである。これは、エネルギーと物質に関わる法則から導き出される結論でもある。

ソディは「この反対に、どのマイナスにもプラスが対応していることは、富には当てはまらない。なぜなら、わたしたちはエネルギーの総量ではなくその利用可能性を扱っているのであって、……（エネルギーを消費すれば）遅かれ早かれ、それは周囲環境と同一の廃熱へと変化する」と科学法則にふれた上で、エネルギー法則を重視しない現実の経済体制についてつぎのように指摘する。

「経済体制のインチキを暴露することは、時間がかかる作業です。私たちが資本の性格を利子とみなさなければならない際には、まずは、現実について何か発言しなければならない。富がどのようにして生み出され、いや、現実に生み出されているとすれば、知的に主導されたコミュニティにおいて、富の制約とは何であろうか。」

第一回目の講義でも熱力学法則に固執したソディにとって、この課題設定こそは、エネルギーのフローと富の関係を明らかにすることにほかならなかった。彼はいう。

「もしエネルギー・フローが、現在の燃料エネルギーと同じように量的に無限であり、人間の支配下にあるとすれば、何であれ富の生産には制約がないことになります。……今世紀当初からの放射能や原子核の研究面での著しい発展によって、燃料の燃焼から得られるエネルギーの何百万倍の通常物質での滞留物があることがわかってきたのです。……放射性元素は、自然の変性をたどるのですが、それを制止することも、模倣することも不可能なのです。ラジウムのエネルギーは、何千年にもわたり放熱しつづけます……」。

では、放射能エネルギーは、どこまで人類に無限の繁栄と富を生み出し続けるのか。いうまでもなく、この時点で、ソディはすでに、放射能エネルギーの未来に対してきわめて懐疑的であった。このあと、彼は今後の社会――世界――によって重要であるのは、知識であると論じ、大学の科学者などが学術賞の獲得競争など世事に邪魔されることなく、真剣に基礎研究や応用研究に従事することの必要性を論じる。こうした話は、当時の聴衆にとって、ソディの議論を脱線気味と感じたかもしれないが、その後の原子力利用の軍事利用などを考えると慧眼であった。

ソディが講義のなかで何度も繰り返したのは、「富」とは、あくまでも生命維持のための「フロー」であって「蓄え」ができない性質であること。他方、「負債」とは、無制限に増大する性質をもっていることの強調であった。ラスキン経済学徒でもあるソディにとって、「富」と「負債」の性質の落差こそが、社会における不平等を必ず生み出さざるをえない原因であって、複利的に増大しつづける負債が富として世代間に移転されることで、富の不平等が拡大することへの危惧があった。ソディは、こうした富のあり方に注意を払わない経済学者に対して、きわめて痛烈な批判をする。彼はいう。

「聖書の創世紀神話を聞いて育った経済学者たちは、最初に出現した資本家とは、発明の才と勤勉さをもった伝説的なロビンソン・クルーソーのような男であると説明することが大好きなのです。知識が発達するにしたがって、実際のアダムが動物であったなら、最初の資本家は植物であったにちがいないのです。現代の物質的かつ科学的な偉大さは、石炭紀の森林の太陽エネルギーの最初の累積のおかげであるのです。

それが今日の石炭として残ってきたのです。蓄積された植物をわたしたちは消費するのです。石炭を燃やせば、燃やしたままです。石炭を燃やして、それを地下室に貯蔵などできないし、ましてや、燃やした石炭にそれなりに何パーセントかの利子をつけて貯めておくことはできないのです。だが、そのことは、経済学者や実業家がいわゆる資本に対して行っていることです。ここで再び言うべきは、経済学者がわたしたちの古い友人である負債と富を勘違いしていることだ。富は消費され、貯蓄されずに、なんらかの様式の領収書と交換されるだけで、その受け手には負債が返済されるまで、年率で支払いを受ける慣習的な権利を与えているにすぎないのだ。」

ソディは、「そうした資本家が、死ぬまで飲み物を飲み続けることをせずに、企業活動を通して、収入を増加させることで社会の為になる人物になるだろう」と評価する。その一方で、ソディは、「そうした役に立つ人物の特殊なタイプは高利貸しと呼ばれてきたのである」という皮肉をいうのも忘れてはいない。ソディは、利子について実業家や株式保有者だけが高利貸しというわけでもなく、戦時中に市井の人たちも一五シリング六ペンスの利子つき一ポンド戦時公債を買っていたことにもふれている。

ソディが問題視したのは、利子に関する法的・社会的慣習がエネルギー法則に反している点であった。必然、利子の概念を容認する経済学（ポリティカル・エコノミー）は、化学や物理学と同じような正確な意味で科学になることはできないのだ、と強く主張した。さらに、彼はいう。「アリストレスにとって、高利貸しは軽蔑以下の人物であった。だが、現在では、ギリシャ思想や文化を崇めると称する最古の大学の副学長までもが、他の人たちと同様に複利のすばらしさに魅せられている」と。むろん、単なる科学信奉者ではない教養人であったソディは、ドイツの宗教改革者のルター（一四八三～一五四六）も、また高利貸し批判者であったことを、付け加えることを忘れていはいない。ソディの経済学批判はまだつづく。正統派——彼の時代において——経済学は信用を科学的な発見とするが、信用とは富を拡張させた者（＝高利貸し＝負債の拡張者）にすぎないとみた。ソディは、資本と利子の関係について、つぎのように指摘する。

「資本の増加は、金利が付与され、一〇〇倍以上となる不労所得を意味します。わたしが年間一千ポンドの収入を生み出すプロセスを発明したとする。金利を五パーセントと仮定し、その資本価値を二万ポンドとする。……世界の資本は、この意味では、今日、想像できないような金額になってしまう。でも、一度たりともそのような金額の富が存在したことはない。……戦時中に、この国の資本は、約七〇億ポンド増加し、金利だけで三億五千万ポンドもたらした。……国民勘定上、年間、この三億五千万ポンドは、支出項目というよりも単なる移転にすぎないのです。金額は納税者から集められ、そして戦時公債の保有者に支払われたのです。」

金利付き負債＝公債によって、人口全体のほんの一部の人たちが金利だけで生活できる地位に就く。だが、残りの大多数の人たちは、国の生活保護手当がなければ飢えることになると現状を述べたうえで、ソディは「人口の四分の一ほどが失業中で、教育への支出には戦時公債保有者の受取金額の四分の一ほどしか支出されないなかで、この国でそのようなことがどこまで続くのかは明らかである」と現状を批判する。ソディは、フローとしての富が失業者などの救済のために消費されず、利子つき資本を提供する人たちの富＝負債だけが蓄積されることに対して異議を唱えたのだ。ソディはいう。

「生命維持とはゆりかごから墓場まで消費であり、それは太陽のおかげであるエネルギーの新鮮な消費が続いているからなのです。生命を借方・貸方勘定のバランスシートでとらえる銀行家や金持ちの営みは、自然に反しています。生きることとは、富の継続的な消費であり、この点において、再び、ラスキンの方が現代の理財学者の考え方よりも、科学の考え方に圧倒的に合致するのです。」

ソディは、資本支出は富のフローを増加させるが、他方で共同体に対する負債も無制限（*ad infinitum*）に増加させることについて、つぎのように述べる。

「人間の行動や慣習の原理や倫理には、自身の規則と規準がある。しかしながら、それらが何であり、それらは熱力学の原理に合致しなければならないし、また、それと反するものであってはならないのです。お抱え運転手は自分で運転する車の機械装置とは関係なしに、彼自身の心がありますが、もし燃料油が使い果たされ、車が彼を走らせたとすれば、彼はとんでもない偉大なロバとみなされてしまうでしょう。」

熱力学法則からの経済学批判ということでは、ソディはケインズ（一八八三〜一九四六）が『平和の経済的帰結』で示した「複利則は負債よりも富の増加則である」という見解を痛烈に批判する。ソディは、当時、経済体制の立て直しをはかろうとした技術者出身の英国人クリフォード・ヒュー・ダグラス（一八七九〜一九五二）や、雑誌編集者のアルフレッド・オレイジ（一八七三〜一九三四）が展開した「社会信用」論にも批判的であった。要するに、ソディは利子が生んだ虚構の富を資本支出としてどのように使おうと、あるいは、それをどのように平等に分配――政治的には実際のところ困難だろうが――しようと、それが根本的な問題解決につながらないことを訴える。

利子の問題、とりわけ、複利計算について、ソディは聴衆者の学生などにもわかりやすいエピソードとして、中国皇帝にチェスを教えた男が対価とし要求した報酬のはなしを紹介する。その筋はこうである。皇帝はこの男に報酬としては控えめに最初の盤目に小麦一粒、二番盤目に二粒、三番盤目に四粒、四番盤目に八粒を与えることを約束した。この結末は、幾何学的には六四盤目まで続くことになる。チェス盤の半分までは、なんとか計算できたが、四分の三までいったときに、皇帝の使いがやってきて大量の小麦——二三〇〇トンの小麦が必要——が用意できないことを告げ、皇帝は報酬の約束を取り消さざるを得なくなった。ソディは、この逸話こそが複利計算の法則の結果なのだという。ソディは、「五・五パーセントの複利計算で一ポンドの負債は、一二年半で二倍になり、一二五年後には一〇二四ポンドへ、二五〇年後には一〇〇万ポンドを超えることになる……」と複利計算の結果を示し、複利で負債が拡大していく経済体制——複利計算という高利貸しの法則——を可能にするには、「一九世紀と同じように二〇世紀でも、これを可能にする科学的発見が多く生まれなければならない」と皮肉っぽく述べる。さらに、ソディは続ける。

「では結論です。多くの思慮深い人びとの意識では、最重要かつ愚かなこの体制の状況を、従来の富の生産や富の分析からとらえれば、世界戦争へと避けがたい結末となるのです。思い出してほしい、貯めることはできないのです。富という収入は、それが生まれたように消費されるか、あるいは、資本支出でなければならないのです。」

ソディは、富と利益の関係にも言及する。彼は富が増加しても、多くの人びとは、利益を手にすることができないとして、「古典派経済学の発見では、賃金とは労働力の供給を維持するのに必要な購買力であること、すなわち、労働者とその家族の食糧と住宅を提供することである……人力は、いまでは無制限に、ますます無生物的性質の御しやすい力に対してより安価となってきているのです」と説く。実際、無生物性質の御しやすい力＝機械生産（machino-facture）は、現実には過剰生産となり、その製品などの販売市場をめぐって競争を激化させ、市場獲得と確保のための戦争にむけて、軍事生産に拍車がかかることを予想する。

ソディはいう。

「この点で、ラスキンは、彼の時代よりはるかに先に行っていました。彼だけが、社会の慣習の底を貫く思想や権力を十分に理解する正確さをもっていたからこそ、利益を凶暴に追いかけることにおいて、そのような目的は物理的意味において幻想であることを認識していたのです。」

ソディの経済学においては、つねに生命体としての地球を司る科学法則、とりわけ、エネルギー法則としての熱力学法則への真摯なこだわりがあったのである。ソディのつぎの指摘は、彼の経済学観をよく表出させている。

「富とは、有益なエネルギーが転換されたものである。エネルギー保存則は富にも適用できる。すべてのプラスにはマイナスがある。不幸なことに、地球にはプラスでも、太陽にはマイナスの場合、地球からすれば、富が実際に創造されることになる。しかしながら、物質とエネルギーの法則からすれば、この計算が許容されるわけではないのです。」

ソディが、後にエントロピー経済学の始祖の一人としてみなされるのは、彼の経済学がエネルギー保存則の考え方に起因しているからである。ソディは、エネルギー使用の廃熱についても言及することを忘れてはない。エネルギー源について、彼は「エネルギーに量的な制約がなく、現在の石油のように、それが人間の支配下にある場合、富の生産がなんであれ、そこには制限はないのです。……しかしながら、現在、そうではないことをわたしたちは知っている。今世紀以来、放射能研究が顕著な発展をみせ、原子の内部構造の研究が証明するところによれば、（エネルギーは）燃料の燃焼の際に得られる通常の物質エネルギーの何百万倍もある……放射線元素は自然の核変換の過程においては、制止することも、模倣することも不可能である」

と指摘している。

当時――一九二〇年代初頭――においても、ソディは、放射性元素の発するエネルギーの可能性――と同時にその問題性も――にも気づいていた。だが、ソディは、「富の生産を制約する、そしておそらく人類の繁栄をつねに制限する要因について、真剣に研究すべきである」と表現を変えながらも、随所で主張した。この視点は、当時の経済学者への批判的な見方からくる。当時も、またその後も、ソディが「貨幣論」や「富論」で問題視し続けたのは「利子」と「富」の関係でもあった。負債は利子とともに増加するが、富はフローとして消費されるだけである。ソディは「富はフローであり、貯めこむことはできないのです。……人生とは富の継続的な富の消費であり、この点では、現代の理財学者よりもむしろラスキンの考え方のほうが絶対的に科学と合致する」とした。ソディはラスキンを当時抜きん出た科学的思想家として高く評価していることを講義の随所で語っている。ソディはいう。

「ラスキンは彼の時代よりはるかに先んじていたのです。彼だけが社会の因習の底流を貫くだけの思想と力の正確さを十分にもっていました。……人間が生活する上でのエネルギー法則は、社会学や経済学の知的基盤を提供し、わたしたちの時代だけではなく、かつての偉大な文明の失敗の主な原因のいくつかを明確にする。そうした法則は、すべての真実を明らかにしない。だが、それが物理学や化学で正しいかぎりに、そうでそうなのです。こうした考え方を拡張し、修正を少し加えて思うところでは、自分たちの個人的利益のためだけではなく、公衆に関係する人びとが、現在とは異なる偉大な知的成果を利用して、世界の再構築を始めることができる共通の科学的創始点を整えられるかもしれない。このような科学的ユートピアへの第一歩は、コミュニティの債権者の諸権利の範囲設定、無知な者にあっては、富が変装をしている負債の悪霊を抑制することなのです。」

ソディが二回にわたる講義のなかで言及したデカルト、マルクス、ケインズ、ゲゼル、アリストレスなどの名前は、経済学史に登場する。だが、ソディ自身は、化学史においてその名前が出てきても、経済学史ではまず出てこない。ソディがもっとも多く言及したラスキンは、美術史あるいは絵画史で登場しても、いまでは経済学史に登場することはきわめて稀な人物である。

ソディ自身、化学教授を務めたオックスフォード大学の経済学者の間でも、ノーベル賞化学者としての名声はともかく、経済学者としての存在はほとんど知られていなかったともいわれる。欧米を中心に登場したエコロジー経済学者が、その先駆者としてソディを再登場させていなければ、その前半生での化学者としてだけ知られ、後半生で経済学者として、経済学の基本原理を追求した人物として知られることはなかったろう。ソディは放射能物質の分析を通じて、原子などについての基本概念とその法則を追い求めたように、経済学における基本概念とその科学的法則を真摯に求めた。

3

ソディが二回にわたる講義を通じて熱心に訴えたのは、経済学の前提条件が科学的ではないこと。「真の富」とは、太陽エネルギーから派生するものだけであって、本来、蓄えることなどできないこと。そして、それは物理的法則に依存していること。しかしながら、経済学では、富は資本としての金融資本としてとらえられる。作物というかたちの富はやがて腐敗するが、資本財＝金融資本（貨幣）は腐敗せず、むしろ利子が複利計算されることで、際限なく拡大（成長）しつづける。これは自然というよりも、人間社会の慣習＝倫理的価値観によって、歴史的――時間的に――に定着したもので、熱力学的にはそのような永久運動などはありえない。ソディが、講義中に何度にもわたって指摘していたのは、経済学のそうした非現実性＝幻想であった。スペインの環境経済学者のホワン・マルチネス＝アリエは、『エコロジー経済学』で、ソディの経済学観について、つぎのように特徴をとらえる。

「ソディは、所得の誤った分配が引き起こす有効需要の不足についても心配しており、彼のエコロジー的経済学批判は、金利生活者や資本家に向けられている。しかし彼が強調したのは、有効需要の不足よりもむしろ供給問題である。だが過剰投資に対する彼の暗黙の疑問は、生産能力が有効需要を超過するのではないかという懸念がもとになっているわけではない。彼の考え方は別方向に向けられていたのである。」（工藤秀明訳）。

ソディが第二回目の講義でふれた点、すなわち、「生産への投資→貨幣支出→化石燃料の使用→化石燃料の枯渇の加速化」と利子によって増大する「負債」――負債元本と利子――との関係について、マルチネス＝アリエは、つぎのように要約してみせる。

「資本主義のルールでは、投資を行うために企業や国家に前貸しされたすべての信用は返済されなければならず、その間少なくとも現行利子率で利子を生むことが期待されている。したがって実際、もし投資が生産を増大するのではなく単に負債を増大するだけになるとすれば、債権者、すなわち株式や債券や公債証書という紙片の所有者は、ほとんど増加しないで停滞ないし低下さえしている生産のうちから、一層増大する分け前を受け取ることになるだろう。そして公債によって資金調達される投資の割合が大きくなるに応じて、そうした投資は、現在国家の財政危機と呼ばれている状態をもたらすことになろう。」

この指摘は多くのことを示唆する。たとえば、それは、雇用問題を解決するために、政府の財政支出を拡大させても、持続的に失業率の低下にはつながらず、むしろ財政赤字を拡大させている日本などはソディの主張に耳を傾けるべきである。多くの諸国で、財政赤字＝国債発行による有効需要の創出により経済成長を達成しようという経済政策は、ケインズ政策として定着した。こうした経済成長によって期待できる税収入の拡大により、国債償還をはかることが可能と想定されたものの、実際には、多くの国において財政破たん問題が顕在化してきている。

この背景には、国民経済が閉鎖システムのなかで、成立しているわけではなく、ますますグローバル化したなかでは、財政効果は良くも悪くも経済の開放システムのなかで、拡散されることの方が大きい。とはいえ、根本的にはソディが問題視したように、「富」と「資本」、そしてその間にある「信用」との関係性を経済学において、どのようにとらえるのか。このとらえ方こそが重要である。ソディは、二回目の講義のなかで、ケインズが『雇用・利子および貨幣の一般理論』（一九三六年刊）で展開されるケインズ理論の課題について、彼の講義の二年前に発表されたケインズの『平和の経済的帰結』での問題点をすでに議論の俎上にのせている。ソディは、つぎのように語っている。

「ケインズは、『平和の経済的帰結』のなかで、複利計算の法則は負債拡大の法則よりも富の増加の法則であって、この法則がマルサス流の人口法則を相殺させるものとまじめに考えていたようです。そこには『一つの等比級数がもう一つの等比級数を無効にできると考えれば、一九世紀は複利のとてつもない価値を熟考して、人類の繁殖——人口増加の——を忘れ去ることができる』とある。ケインズにとっては、資本とは、戦争で早まって消費されるかもわからない危険があるが、それは不変的な富の広大な蓄積なのです。彼は資本をケーキに例えて、高利のとてつもないおかげで、ある日、みんなに行き渡るほど巨額になるのです。『その日が来れば、過度労働、過剰人口、食糧不足はなくなり、人類は生活を快適なものとし、身体に必要なものも満たされ、一層高貴な能力の鍛錬へと進めることになる』とあります。しかし、よくいわれているように、このケーキは食べることも、手に入れることもできない一つの物質なのです。わたしが示唆したいのは、このことが、ケインズ氏の資本の特異な性質を貯蔵したケーキとしてどこか神秘的にとらえるやり方です。それは理論上のことであって、そのケーキのよいところは、決して消費されないことです。」

ケーキ論で、ソディは直接的に言及していないが、エントロピーを意識しているし、ケインズなどはもっぱら需要不足の点から経済を論じようとしている。だが、ソディは、つねに供給面の物理的な側面＝エネルギーや物的資源を使った生産面を重視し、実質的な生産ではない利子や配当という金融資本のバーチャルな面＝虚としての富、そして、つねに社会的に公正な分配を意識している。虚としての富＝負債については、ソディは、後日、貨幣問題からこの問題を集中して取り上げることになる。ソディは、第一回目の講義でも貨幣供給と富との関係には何の関係もないと断言している。マネタリストからすれば、ソディのこうした貨幣論はどのように映ったのだろうか。また、金鉱の発見と経済成長との関係についても、化学者のソディは、金にそのような神秘的な力があるとは思えないとも述べている。ソディにとって富の源泉とは、利息で増加する負債というバーチャルな富などではなく、それはエネルギーであり、地球にエネルギー源として蓄積されていた石炭を消費——燃焼——されることによってのみ産出される富を重視したのである。

わたしの年代より年齢的に先に化学を専攻した者は、「石炭化学」という科目名に親しみに覚えるはずである。石炭の時代がやがて石油の時代となったとき、「石油化学」という名称が登場し、やがて石油から合成されるプラスチックが普及しはじめると、「高分子化学」という名称に席を譲っていった。一九世紀から二〇世紀にかけての化学の時代に、石炭を中心に産業革命を達成した英国などで研究生活を送ったソディは、石炭化学の時代に生き、石炭経済学を展開した。その石炭は、太陽エネルギーによって植物が育ち、それが長期間にわたって堆積した物質が石炭である。無限の太陽エネルギーと異なり石炭による燃料エネルギーは有限なのである。ソディは二回にわたる講義を通じ、わたしたちの経済活動の基本的構造について、石炭経済学＝エントロピー経済学のもつ制約性を直接的にあるいは間接的に示しつつ、ラスキンの示す倫理的価値観を重視する経済学を展開したのである。

その後、ソディは、化石燃料以外の放射性物質の可能性の活用にも多少言及しているが、放射性物資の無限性（＝経済成長の無限性）について、必ずしも楽観的な予想をしているわけでもない。石炭化学↓石油経済学の時代から、その後、時代は放射線化学＝原子力の時代へと進む。だが、そこでは、人類の未来に楽観的すぎる原子力経済学を成立させたものの、福島第一原発事故は、再びわたしたちをソディ経済学の問題意識へと引き戻す。

ラスキン主義経済学

1　「デカルト主義経済学」でも、ソディはラスキンの経済学――政治経済学（ポリティカル・エコノミー）――の考え方に何度も言及した。ソディは、デカルト主義経済学を批判しつつ、ラスキン主義経済学を明らかに擁護している。前掲講義録でも、ソディは、ラスキンの基本的な考え方について、つぎのように紹介している。

「ラスキンは、彼以前、あるいは彼以後の経済学者のいずれよりも富の真の性格をより明確にとらえていたようだ。……ラスキンは個人の諸利益と国家の利益のもっとも重要な相違について、明らかにしたように思える……他の点においても、ラスキンは、現在といわず、彼の時代においても、はるかに先進的であった。」

マルチネス＝アリエは、前掲書で、ソディのラスキン観について、「ラスキンはソディにとってお気に入りの経済学者であったが、聴衆へ挑戦的な講演を行ったからである」と指摘する。この意味では、ソディの論じた経済学もまた、そうであった。ラスキン経済学について、『この最後の者にも――経済学（ポリティカル・エコノミーの基本原理に関する四論文）――』(*)を中心にみておきたい。この四編からなる論文集は、従来の古典派経済学の概念を痛烈に批判したものである。この経済学論集は、当初、『コーンヒル誌』に一八六〇年の八月から一一月にかけて寄稿され、紆余曲折の後、一冊にまとめられたものである。

＊『最後の者にも』（Unto This Last : Four Essays on the First Principles of Political Economy）の冒頭には、聖書の「マタイによる福音書」からの引用文がある。「友よ、わたしはあなたに対して不正をしてはいない。あなたはわたしと一ペニー（デナリ）の約束をしたではないか。自分の賃金をもらって行きなさい。わたしは、この最後の者にも同様に払ってやりたいのだ」。

ラスキンの『この最後の者にも』で、伝統的経済学批判（＝問題提起）にあたるのが、第一論文「栄誉の根源」である。ラスキンは、つぎのようなきわめて挑戦的な文章で、問題を提起してみせる。

「これまで、さまざまな時代に、多くの人類の心をとらえてきた迷いのなかで、おそらく最も奇怪な――

またたしかに信用のおけない――ものは、近世のポリティカル・エコノミーという自称の科学であり、それは社会的活動についての有利な規則が、社会的情愛の力とは無関係に決定されうるという考えに基づいているものである」（飯塚一郎訳）。

ラスキンは、経済学――ポリティカル・エコノミー――の基礎概念に対して、根本的な疑問を投げかける。とりわけ、「人間の本性のなかでは偶然的で錯乱的な要素」（＝「社会的情愛」）を分析せずに、「人間を貪欲な機械と考えて、……最も大きな富の蓄積が得られるかを検証」するような経済学に対して、ラスキンは、強い異議を唱えた。彼は、ここで比喩として窒素と塩化物との違いにふれる。化学者ソディがラスキンに親しみを覚えたのは、案外このあたりからかもしれない。あくまでも推論である。ラスキンの経済学への基本的な視点は、現実の問題を解決しようという、現在でいえば、政策学――ポリティカル――としての経済学であり、一八五〇年代後半の経済恐慌下の英国で起こった建築工ストライキの解決に対して、経済学者の処方箋――経済政策――が「無力」であったことへの直接的批判でもあった。この時代的背景を思い浮かべないと、ラスキンの経済学への取り組みの動機は理解できない。

雇用者と被雇用者との関係について、ラスキンは、「正義」と「情愛」を求めた。ラスキンは、「雇用主と職工との間のすべての正しい関係を、両者すべての最善の利益とは、結局これらの正義と情愛とによるものである。われわれは、雇用主と職工との関係の最も良い、また最も単純な例証を、家庭における召使いの立場に見るであろう」とした上で、召使いの主人の側では、召使から多くの労働を絞ることだけを願うのが正義であるとすれば、主人は何も正義を反していないことになる。すくなくとも、そのような意識では、正義感は崩れない。ただし、これは正しい見方なのかを問う。主人側の正義＝召使いが時間とサービスを提供する契約の上では、その取扱いの苛酷さの限度は、当時の経済学の考え方では、家内労働の需給関係による賃金率の動向に左右される。このような経済学的見地は、はたして正しいのか、とラスキンはいう。「これは間違っている」と。

ラスキンは、「もしも召使いが、その動力が蒸気、重力あるいは計算できる力をもったなにかべつの動因によるエンジンであるならば、そうであろう。しかしそれとは反対に、召使は精神がその動力であるようなエンジンであるから、このきわめて不可思議な動因の力は未知数として、経済学者の知らないうちに、その方程式のすべてのなかにはいりこみ、それらの計算の結果をことごとくまちがったものにしてしまうのである」と指摘する。換言すれば、召使という人間は、機械ではないのであって、人間である以上、その意思と心に「情愛」が働いてこそ、最大の力が発揮されるとした。彼はこの問題について、つぎのように述べる。

「この問題についての一般法則は、つぎのようなものである。主人と召使いとに、ある一定量の活力と思慮とがあるものと仮定すれば、かれらは、互いに対立することによってではなく、互いの情愛をつうじて、最大の物質的結果が得られうるであろう。……たとえ経済学者が、この新しい要素（情愛という動機力――引用者注）をかれの評価のなかに導入しようと思っても、かれにはそれを取り扱う能力がないのである。なぜかといえば、情愛というのは、経済学上の他のすべての動機や条件を無視するときにのみ、真の力を発揮するものだからである。」

それでは、労働需給の変動によって、いつ職を失うかもしれないような不安定な状況においては、「いかなる情愛の作用も起こるはずはなく、ただ不満の爆発作用が起こるだけである」とする見方も生じる。このような場合、ラスキンは、つぎの二つのことを考慮すべきであると、論点を整理する。

（一）「賃金率はどの程度まで労働の需要につれて、変動しないように調整できるか」――「どの程度まで労働の需要と無関係に、賃金率を決定しうるのかということをいっているのである。おそらく人間の誤謬の歴史における最も奇妙な事実の一つは、一般の経済論者が、このように（労働の需要とは無関係に）賃金を調整することの可能性を否定していること」である。

（二）「このようにして決まった賃金率で［市況のいかんにかかわらず］、職工の団体を雇い、養い、その人数を増減させることなく、……団体精神をもたせることが、どの程度まで可能であろうか」という見方があること。

現在の市場経済におけるマーケット・メカニズム重視の経済学からすれば、ラスキンの経済学――政治経済学――とは、人間の心理を非常に重視した経済学である。

2　ラスキンは、先に提起した問題を第一論文で取り上げる。第二論文「富の鉱脈」では、その解答を探ろうとした。ラスキンにとって、商業経済学――マーカンタイル・エコノミー――とは、「経済学の既知の諸法則に従うことによってこれまでその財産を獲得し、またそれを信奉することによって日々その資本を増殖している。……実業家はすべて、どうしたら金がもうかり、どうしたら損するかを経験によって知っている」諸法則から成立している当時の現状の下で、ポリティカル・エコノミーとは、そのような損得勘定だけの商業経済学とは異なることを強調しようとした。ラスキンは、「普通の商業的経済論者の意味において、みずから富裕になる術は、同時にまた必然的に諸君の隣人を貧乏にしておく術である」と皮肉ったうえで、「国家的（ポリティカル）」と「商業的（マーカンタイル）」が冠される経済（学）のそれぞれについて、つぎのように定義づける。

ポリティカル・エコノミー――「国家の経済もしくは市民の経済」――「ただ有用品もしくは快楽品を、最も適当な時期と場所で生産し、保存し、分配することにある……（農夫の農作業、建築工の煉瓦積み、歌手の歌声も――引用者注）みな正しい究極の意味において国家経済を営むものであって、たえず自分たちの属する国民の富と福祉を増大させている」。

マーカンタイル・エコノミー――商業的経済――『メルケス』（ラテン語でマーカンタイルの意――引用者注）の経済は、個人の手に、他人の労働に対する法的ないしは道徳的請求権、あるいは支配力を蓄積することを意味するのである。そしてこのような請求権はすべて、一方において富裕ないし権利を意味するのとおなじだけ、他方においては貧困ないしは債務を意味するのである。したがって、この請求権はそれが存在する国家の実際の財政ないしは福祉の増大をかならずしも意味しないのである」。

こうしてみると、ソディは、「デカルト主義経済学」講義のなかで、ラスキンのポリティカル・エコノミー観とマーカンタイル・エコノミー観をそのまま引き継いでいることがわかる。とりわけ、ソディは、ラスキンのマーカンタイル・エコノミーに彼自身の「富」への考え方を投影させたと同時に、その富観にもラスキンの考え方を反映させている。ラスキンは、「富という名のもとに、実際に人が欲するものは、本質的に他人を支配する力である」と強く主張したことからも、それが理解できよう。必然、ラスキンにとって、「富裕となる術」は、「絶対的にも究極的にも自分自身のために多くの貨幣を蓄積する術であるばかりではなく、同時にわれわれの隣人が自分より少なく所有するようにくふうする術である。的確にいえば、それは

『自分自身に都合の良いように最大限の不平等をつくりだす術』である」と論文に記したように、ポリティカル・エコノミーとは、ラスキンにとってつぎのような使命をもつ学問体系でなければならないものであった。

「このような不平等の確立は、国民全体にとっても有利であるとも抽象的には示されないのである。このような不平等が必然的に有利であるという、軽率で不条理な仮説こそ、ポリティカル・エコノミーの主題にかんする大部分の通俗的誤謬の根底に横たわっているものなのである。」

この意味では、ポリティカル・エコノミーの実践的な課題とは、「富の不平等が正当につくりだされるときには、それがつくりだされる過程でその国民を利し、またそれがりっぱに使用されるときには、それが存在することによってなおいっそう国民を利する」方策をさぐることにほかならない。だが、富とは、「最も厳正に近世経済学の原理にもとづいて獲得された」商業的なものであっても、「国民的富」という視点からは、「利益だけではなくその量にも関係する全体の問題は、終極的には抽象的な正義の問題に帰するのである」とされるのは、ポリティカル・エコノミーからすれば当然の問題認識となる。

換言すれば、「富の真の価値はそれに付された道徳的標識に依存するのである。一定の商業的富の蓄積は、一方では、忠実な勤勉、発展的な力、および生産的な才能をあらわすと同時に、他方においては、救いがたい奢侈、無慈悲な圧政、および破壊的なごまかしをあらわしうるであろう」ということにもなる。富については、「富の出所の善悪」をまずはもって考えるべきではないかというのが、ラスキンの一貫した基本的な考え方である。ラスキンは、つぎのように述べる。

「富の出所の善悪を考えないで、その獲得に対する指導ができるとか、あるいは購買や利得の一般的および専門的法則が、国民的実践のために設定されうるという考えは、人間の悪徳に乗じてこれまで人々をあざむいてきたあらゆるもののなかで、おそらく最も無益なものであろう……結局は正邪の大問題のなかに没入する……」。

いうまでもなく、そうした富は、貨幣のかたちをとる。ラスキンが、貨幣を執拗に考察したのもそのためである。それでは、「貨幣の主要な価値・効能」とは、何であるのか。ラスキンはいう。「(それは)人間を左右する力をもっていること、……しかし、人間を左右する力は貨幣以外の手段によっても達せられる。……(ただし)貨幣の力はつねに不完全で疑わしいものであり、貨幣によって達せられないものがたくさんあり、また貨幣では保持できないものもある」と。ラスキンは、『この最後の者にも』でも、富の本質——したがって、貨幣も——とは、まさに人間への支配力であることを表現こそ違え、随所で何度も強調したのもそのためである。そうであるがゆえに、ラスキンは、第二論文「富の鉱脈」の最後をつぎのように締めくくる。

「最後に、富の本質が人間を左右する力にあるのだから、富に支配される人であればあるほど、またその数が多ければ多いほど、その富もまた大きいのではないだろうか。……事実、富の真の鉱脈は、深紅色であること——岩石のなかではなくて、肉体のなかにあること——あるいはまたあらゆる富の究極の結果と完成が、できるだけ多くの元気のいい、眼の輝いた、心の楽しい人間をつくりだすことにあるということも、おそらくわかるであろう。われわれの近代の富は、むしろこれと反対の傾向をもっているように思う——つまりたいていの経済論者は、人間の植えることは富に資することはないとか、あるいはせいぜい眼のかすんだ料簡の狭い状況にとどまることこそ、富に貢献すると考えているらしいのである。」

経済学者としてのラスキンにとって、富の蓄積を明らかにする経済学とはそのメカニズムを解明するだけのものであってはならず、それに関わる人間の善悪の「道徳科学」そのものであったのである。ソディは、ラスキン経済学徒として、その考え方を明らかに受け継いでいた。

3　第三論文は、「地上を審判く者」である。このタイトルは、イタリア（フィレンチェ）の詩人ダンテ（一二六五〜一三二一）の詩編『神曲』[*]の第一八歌「汝地上を裁く——審判——者よ、正義にえりすぐりの愛を与えよ」からとられたものである。先に紹介したように、ラスキンの経済学は、とりわけ、富の偏在や不平等を問題視した政治経済学である。このことは、経済学とは、まずは、富の分配を考察対象にすべき学問であることになる。富の形成過程における正邪を重視するラスキンは、「分配および抑制についてのこれらの法則の必要性は、普通の経済論者の『学問』（経済学）の定義には見のがされている」として、つぎのように指摘する。

＊　一三〇七年から二一年に作られたものである。『神曲』は三部、「地獄編」「煉獄編」「天国編」の各三三歌から構成される叙事詩である。人間の霊魂、罪悪観、天国観など中世キリスト教的世界観がそこに反映されている作品である。

「俗流の経済学者が自分の学問をとくに富を得る学問と呼ぶにあたっては、その性格にある特有の制限のある観念を付さなければならないことは明白である。わたくしはかれの学問が『合法あるいは正当な手段によって富を得る』学問を意味すると仮定しても、……結局『正当』という語と『合法』という語といずれが残るべきであろうか。……『正当』という語だけを結局残すならば、この唯一の短い語を挿入したことが、われわれの学問の語法に著しい相違をきたすことになるであろう。そうなれば、わが経済学はもはやたんなる学問によるのではなく、法の学問——それも人為の法ではなく神の法——によることになるだろう。」

ラスキンがダンテの『神曲』から論文タイトルをとったのも、おそらく、このあたりの理由からだろう。では、神ではなく人間の世界における労働とその報酬は、いかなる「正義の法則」に基づくのか。これこそが、経済学の「正義の学問」としての部分であるべきなのである、というのがラスキンの基本的な考え方といってよい。

「労働者の全運命は、結局この正当な報酬という重要問題に依存している」なかにあって、公正な報酬＝正確な交換の法則＝正義の法則という抽象的な図式——理論——においても、ラスキンは市場原理という考え方を導入しようとしていない。この点は、現在の経済学とは大きく異なる。他の議論と同様に、まずは、そこに人の関わりをもちだし、ラスキンは、「公正な人は正当な価格を支払うということを科学的原理と定め、このような価格の限界は正確には定められないとしても、できるだけそれに近接しようと努めるのである」とする。

だが、実際には、「パンが安ければ生活がより良くなるであろうと思って、穀物条例撤廃のための騒動を起こした」労働者＝下層階級の問題については、ラスキンは条例撤廃(*)に一定の理解を示す。彼はいう。「穀物条例の撤廃は当然であった。しかし、それは同条例が直接貧民を圧迫したからではなく、貧民の労働を大量に不生産的に消費する原因となって、かれらを間接的に圧迫したからである……貧民の運命は第一につねにこの賃金、当、不当の一事にかかっているのである」として、彼自身は、労働者の組織化には肯定的である。

＊　英国では当時、地主階級のために穀物価格を高水準に維持する目的で、英国への穀物輸入を制限する法律(Corn Laws)がナポレオン戦争の終結直後の一八一五年に成立した。その後、一八二八年に穀物価格の変動に応じて輸入関税率を増減する制度に変更されたものの、同法は地主階級の利害温存のための悪法と批判され、一八三九年に自由貿易支持政治家のリチャード・コブデン（一八〇四〜六五）と、綿工業家ジョン・ブライトン（一八一一〜八九）が反穀物法同盟を結成して、穀物法撤廃運動を全国的に展開し、同法が廃止された。

ラスキンは「労働組織の運用は、快楽の女王である富と、労苦の王侯である資本との両方の、目に見えない付随的な力はべつとしても、表面にあらわれた直接的な力を、多くの点で減らすことは否定できない。いやむしろ反対に、わたくしはおおいに喜んでそれを肯定する」と述べたうえで、科学としての経済学のあり方について、きわめて宗教的な表現――新約聖書の「マタイ福音書」などからの引用を交え――でもって、つぎのように指摘する。

「普通の経済学の学説が一つの科学として、われわれの間にうけいれられていることほど、人類の理知にとって面目ないことは歴史上例がないと述べた。……われわれが［口に］神聖だとして尊んでいる書は、ただ金銭を愛することはすべての悪の根であるとし、また神のいみきらう偶像崇拝として非難しているだけではなく、富に仕えることと神に仕えることとは正反対であり、調和できないものと明言しているのである。そしてこれらの書は、絶対の富裕と絶対の貧困についていうときはつねに、富者にわざわいあれといい、貧者に幸あれと明言している。そこでわれわれはただちに、国民的繁栄にいたる最も近道としての富者になる科学を考察しよう。」

それでは、労働の公正な報酬＝賃金とは何であるのか。重要な問題設定である。それが貨幣というかたちで支払われるとき、貨幣とは一体全体、何であるのか。貨幣とは、どのような価値を意味するのか。最後の第四論文では、この重要な課題を取り上げた。

4　第四論文は、「価値に従って」である。ラスキンは、「労働の公正な報酬」（＝「将来のそれと等しい労働を得る貨幣額」）の恒等式の下で、「等価の労働を得る手段を検討しなければならない。そしてこの問題は、価値、富、価格、および生産物の定義を意味している」と問題を提起した上で、ジョン・スチュアート・ミル（一八〇六〜一八七三）の『経済学原理』（一八四八年刊）へ、つぎのような検討を加えている。彼はいう。

「わたくしがミル氏の著作のいかなる部分についても矛盾を指摘する必要を感じることに失望しないのは、かれの著作の価値がその矛盾から生じるからである。かれは経済学者の間で、尊敬をうけるに足るのは、自分が述べている諸原理を不用意に放棄し、みずから経済学となんの関係もないと言明した道徳的考察を暗々裡に導入しているからである。……わたくしが論駁しなければならないかれの結論は、ただかれの前提からでてきたものだけなのである。」

ラスキンが問題視するのは、ミル経済学の前提である。ラスキンは、価値＝有用性の真の定義が為されていないことに強い異議を唱える。ミルにおいては、価値とは交換価値であり、富とは「交換価値を有するすべての有用にして快適なものからなる」ことに対して、ラスキンは、「ミル氏に従えば、有用と快適ということが交換価値の基礎となるのであって、われわれはそのもののなかに有用と快適ということが存在することをたしかめなければ、それを富という対象物として考えるわけにはいかないのである」と問題提起する。

検討すべき問題は、物質的効用としての有用性は人によって同一ではないし、快適性もまたどれほどの人の数がそのように考えるかによって同一ではないことだ。それは、人間の能力や感性に依拠している。この点について、ラスキンは、「富の科学である経済学は、人間の能力と志向にかんする学問でなければならない」にもかかわらず、ミル経済学――『経済学原理』――は、「道徳的考察は経済学とはかかわりがない。それゆえに道徳的観察は人間の能力や志向とかかわりがない」とすることを批判し、「全面的に承服できないように思う」とした。先に紹介したラスキン経済学の骨格からすれば、当然の批判になろう。

ラスキンは、価値を労働量におくリカードゥ経済学についても、「どこかにいくらかむりがあるようにわたくしは思う」とした上で、「あるものの価値は人の思惑とかものの量には無関係である。諸君がそのものをどう考えようと、またそのものをどれだけ獲得しようが、そのもの自体の価値は多くも少なくともならないのである。それは永久に役に立つか役に立たないかである」という点に固執する。また、『経済学原理』にある「富裕であるということは、有用品の蓄積を多く有することである」というミルの指摘に対しても、ラスキンは、「この定義を承認する。だが、われわれはこれを完全に理解しなければならない」としても、先にみたように、「有用性」と「効用性」の性質を明らかにしてこそ、富を定義できるとする。ラスキンは、つぎのように指摘する。

「われわれの富の定義を敷衍すると……『われわれが使用することのできる有用なものの所有』である。これはきわめて重大な変化である。なぜかといえば、富はただたんに『もつ』ということに依存するのではなく、このようにして『できる』ということによるからである。……ある物に有用性が生ずるようになるか、悪用性が生ずるようになるかは、そのものによるというよりはむしろ人によるのである。」

ラスキンによれば、有用性とは勇敢な人の手中にある価値のことであり、富に関する学問＝経済学とは、それを蓄積の学問としてみれば、「物質と同様に能力の蓄積を論ずるものであり――分配の学問としてみるときには、絶対的な分配ではなくて、差別的な分配を論ずるのである。つまりすべてのものをすべての人に分配するのではなく、適切なものを適切な人に分配するのである。すなわち、それはむずかしい学問であって算術だけによるのではないのである」とされる。たしかに、そうだとすれば、経済学はきわめてむずかしい学問体系であり、まずは、何をもって「勇敢な人」とするのかが問われる。ラスキンの言葉でみておこう。

「経済学という真の学問についての困難は、たんに物質的な価値を取り扱うような大胆な政策を発達させなければならないということにあるのではなく、このような大胆な性格と物質的な価値とが連合することによってのみ富を形成するにもかかわらず、両者はそれぞれのうえに相互に破壊的な作用をもっているという事実によるのである。」

ラスキンは、ミルなどへの「経済学」批判において、「物質的価値は大胆な性格をそれと知らずに害しやすいものであるかを検討するのがわれわれの仕事でなければならない」として、「需要供給の法則にのみ支配されるが、公然として暴力から保護されているような社会」における「富者」と「貧者」の違いについて、つぎのように特徴づけようとした。

富者＝「金持ちになる人」――「一般的にいえば、勤勉で、決断力に富み、傲慢で、貪欲で、機敏で、規律正しく、分別があり、想像力がなく、無感覚で、無知である」。

貧者＝「貧乏のままでいる人」――「まったくのばかで、まったくの賢人、怠け者、むこうみず、質素な人、考え深い人、鈍感な人、想像力のある人、敏感な人、もの知り、先見の明のない人、不意に衝動的に悪心を起こす人、不器用ならず者、公然とした盗人、まったく慈悲深く廉直で信心深い人である。」

この相違は、ラスキンらしい考察であるとともに、富者と貧者の関係は対称的でもないことが興味深い。それでは、富者と貧者の前提である富と価値との関係について、ラスキンはどう考えるのか。彼は、「価値すなわち交換価値とその通貨による表現との性質をたしかめなければならない。まず交換について注目されたい。そこには利潤はありえないのである。利潤（プロフィット）……ありうるのは、ただ労働においてだけである。交換においてはただ便宜（アドヴァンテイジ）、すなわち交換当事者に有利な状態ないしは力をもたらすことがあるだけである。」と指摘する。この考え方は、ソディにも受け継がれている。ものを製造することにおいて利潤が生じるが、交換からは利潤は生じないとされる。ラスキンのつぎの指摘は、ソディの著作にも見出せる。すなわち、

「利潤、つまり物資的利得は、ただ建設あるいは発見によってのみ達成されるものであって、交換によっては達成されないのである。交換に伴って物資的利得があるときは、つねにそれぞれのプラスに対して、ちょうどそれと正確におなじだけのマイナスがあるのである。」

経済学がこのプラス（pluses）面だけに着目するならば、「世間では非常に積極的に、尊く見えるような外観をしているので、だれもがこのようなすばらしい結果を生ずる学問を熱心に学ぼうとする」ことはいうまでもない。だが、ソディは、「これに反してマイナス（minuses）は、裏道やその他の日陰に引っこみ――あ

るいは墓場にまったくかくれてしまいさえする傾向にある。それでこの経済学という代数が特殊な読みやすくないものになるのである」と指摘する。

ラスキンの「交換の学」としての経済学への批判はまだまた続く。ラスキンは、「経済学が利得（gain）の学問であるかぎり、それゆえにまったく役に立たないのである」として、一本の針とダイヤモンドの交換を例に挙げ、その交換が成立することについて、「まったくの取引相手の無知、無能、あるいは不注意によるのである。それゆえに、交換の学が当事者の一方だけの利益を考慮するかぎり、それは相手の無知ないしは無能に基礎を置くものである。このような無知、無能がなくなれば、一方だけの利益もまたなくなるのである」としたうえで、交換の学としての経済学のあり方をつよく批判する。

「これは無知に基礎をおく学（サイエンス）であり、無技巧にもとづく技巧である。それなのにこれを除いた他のあらゆる科学や技術は、それらの反対の無知や無技巧を取り除くことをその目的とするものである。しかし諸科学のうちでこの科学だけは、あらゆる手段をつくして、その反対の無知を宣伝し維持しなければならない。それでなければ、この科学自体がなりたたなくなるのである。」

ラスキンは、そのような経済学へ皮肉をこめて、「暗黙の科学」＝「にせものの科学」と呼んだ。それは決して「神聖な科学なんかではなく、悪魔の産んだ科学、……悪魔を父親とする科学である」とまでこき下ろす。それでは、「正当な、もしくは経済学的な交換にかんする一般的法則とは」なんであるのか。ラスキンは「利益は交換の当事者双方になければならない（すなわち利益が一方にしかないというばあいは、少なくとも他方に不利益があってはならない）。そしてその取引きをおこなう仲介者（普通は商人と呼ばれている）に対しては、かれの時間、知能、労力に対する正当な報酬がなければならない。そして両当事者に存在する利益と仲介者に与えられた報酬とはいつでも関係者によく知られているべきである。かくしてだてをしようとするのは、すべて無知に基礎をおく反対の経済学、すなわち神聖でない経済学が、ある程度行われていることを意味する」とした。

ラスキンにとって、「利益（プロフィット）」という言葉には二つの概念があった。一つめは「われわれが必要とするものを得る利益」と、二つめは「われわれが欲するものを得るという利益」である。必要と欲するもの＝需要ということでは、「世間に存在する需要の四分の三は非現実的なもので、幻想や理想や希望や情愛といったものにもとづいている。だから財布の調整は本質的には想像や感情の調整にとなる……価格の性格についての正しい議論は、非常に形而上学的な心霊的な問題となり……しかし、価格の第一条件はこうである。あるものの価格はそれを獲得せんがために、それを欲する人によって与えられる労働の量である……あらゆるものの価格は、最終的には労働で計算されるべきものであるから、その基準であるもの（すなわち労働）の性質を規定することが必要である」と述べる。

ただし、ラスキンは、単純に、労働の価値を単なる物理的な時間や力などに換算させてとらえてはいない。労働とは、あくまで人間の生、すなわち、「理知、霊魂、体力を含み、それらが疑問、困難、試練、あるいは物質的力と抗争する」段階と品質をもったものである。こうしてみると、労働力、価値、価格など、古典派あるいは新古典派以来の経済学用語に慣れ親しんだ者にとっては、ラスキン経済学の概念のあり方には、当時の時代的背景をも考慮して、解釈に注意を要する。

たとえば、消費についても、ラスキンは、単なる消費ではなく、絶対的消費、その生産との関係、さらには資本の概念との関係を重視した。ラスキンは、「絶対的消費こそ生産の目的であり、極地であり、完成である。そして賢明な消費は、賢明な生産よりずっと困難なわざである。……個人および国家にとって重大な問題は『どれだけもうけるか』ということではけっしてなく、『かれがなんの目的に費やすか』ということである」という点に着目してみせる。資本についても、ラスキンは資本とは「根」であるとして、「資本以外になにものも生産しないような資本は、ただ根が根を生ずるようなもので、(花を咲かせず――引用者注)……頭してきた」として次のように指摘する。ラスキンは、ヨーロッパでの熱狂的なチューリップ球根バブル(*)を意識したのであろう。

ヨーロッパの経済学はこれまで、まったくの球根の増殖、あるいは(それよりももっとつまらない)集積に没

「資本は生の役に立つようなどんな実体を供給するものか。生を保護するためにどんな実体を供給するものか。生を保護するためにどんな仕事をなしとげるのか。もしなにもなしとげないのなら、自己を再生産しても無益である。……(資本は生を維持すると同時にそれを破壊することもあるから)その自己再生産は有害無益である。」

＊　一九世紀を生きたラスキンからすれば、ヨーロッパの人びとが熱狂した一七世紀の半ばの経済バブルは、当時のオスマン帝国から輸入されたチューリップの球根をめぐって、決して豊かではなかった一般庶民を巻き込んでの経済事件であり、二世紀前の昔話であったろう。それにもかかわらず、ラスキンの脳裏に、バブルが引き起こした爪痕の大きさが意識されていたといってよいだろう。

この指摘は、資本が資本の増殖のみに偏したしまった現在の資本主義＝金融資本主義の問題点を、あますところなく明らかにしている。ラスキンにとって、資本の真の性質とは、単なる富の源泉であるのではなく、

生の役に立つ実体を供給＝生産するものでなければならなかった。また、消費についても、それが「生産の極致であり、一国民の富というのは、消費いかんによってのみ評価される」とみた。再び、ラスキンは、リカードゥ経済学に言及しつつ、あるべき経済学の姿について述べている。

「この事実を少し明瞭に認めないことが、経済論者の間での致命的誤りであり、かつまちがった利益や収入を豊富に生み出すことになる。……経済学の究極の目的は、良い方法と多量の消費を学びとることである。いいかえれば、あらゆるものを用い、しかもそれをりっぱに用いることである。……最も奇妙な誤謬（それはもともとリカードゥがかれに与えたもの）は、かれが直接の労役と間接の労役とを区別しようと努力し、したがって商品に対する需要は労働に対する需要ではない。（中略）……生産の真の試金石は消費の方法と結果である。生産というのは苦労してものをつくることではなく、有益に消費されるものをつくることである。そして国家の問題は国家がどれだけ多くの労働を雇用するのかということではなく、どれだけ多くの生をつくりだすかということである。なぜかといえば、消費が生産の目的であり標的であるように、生が消費の目的であり標的であるからである。」

このようにラスキン経済学の中核には、「生」のための「富」への真摯な考察がある。ラスキンは、この点について、「生なくしては富は存在しない」として、「生」についてもつぎのように述べている。

「生というのは、そのなかに愛の力、歓喜の力、讃美の力すべてを包含するものである。最も富裕な国というのは最大多数の高潔にして幸福な人間を養う国、最も富裕な人というのは自分自身の生の機能を極限まで完成させ、その人格と所有物の両方によって、他人の生の上にも最も広く役立つ影響力をもっている人をいうのである。」

いわゆる近代経済学においては、「生」という主観的かつ価値観的なとらえ方が極力排除されてしまっている。そして、近代経済学においては、量的把握を前提とするようなだけの概念を中心にして、いわゆる経済的合理性にそって共通して行動する経済人——ホモエコノミカス——を想定して、そうした抽象的経済人の市場行動を中心に形成されてきたことを考えると、ラスキン経済学のあり方は、それとは大いに異なる。ラスキンからみて、現在の経済学は、ややもすれば、「まさに不思議な経済学である」となる。ラスキンは、「それにもかかわらず、これまでこれ以外に経済学があったこともなく、ありうるはずもないのである。利己心にもとづく政治経済は（ミルの『経済学原理』にもあるー引用者注）、すべてその昔、天使政策に分裂をもたらし、天国の経済に廃墟をもたらしたものの再現にほかならない」と主張するのも理解できよう。

ラスキンは、「価値」を取り上げた最後の第四論文を終えるに先立って、人口問題と食料生産との関係、「平穏な経済」＝「人類の真の幸福を有効に増進する」ためには、わたしたちは何をすべきかについて取り上げる。そのためには、「公共の努力によるのではなく、個々人の努力によらなければならない」ことを強調した、つぎの五つのことが提案されている。

（一）「諸君が買うものの生産者に、どんな生活状態をひき起こすことになるかを考える」こと。
（二）「諸君が支払う金額が生産者にとって正当であるか」どうか。
（三）「それが正当な比率でかれの手に渡っているかどうかを考える」こと。
（四）「諸君が買ったものが食物とか知識とか喜びに対して、どれほどはっきり役に立つかを考える」こと。
（五）「だれにどうすれば、それが最もすみやかに最も有効に分配されるかを考えるべきことである」こと。

いずれも現代経済学が、正面から取り上げることを避けてきた問題と課題である。ソディを環境経済学の始祖の一人とするならば、ラスキンこそがさらにその前任者ということになろう。ラスキンの経済学は、わたしたちの社会は、自然の営みを無視して成立しないことを言外に多く示唆していたことを考えると、ソディがラスキンの経済学を継承した意味も明らかである。

5　ラスキンの経済学観を形成したのは、彼自身の家庭環境にくわえ、いうまでもなく彼自身を取り巻いていた当時の英国の社会、経済、そして政治の状況である。ピューリタンの家庭環境の下で、ラスキンは、宗教画を通じて美術に興味をもったことは想像に難くない。ラスキンは、二四歳のときに、『近代画家論』の第一巻、三年後に同第二巻を出版し、美術評論家として世に知られるようになった。先に紹介した古典派経済学批判の書を著したのは、ラスキンが四〇歳を超えてからだ。経済学者としてのラスキンは、現代では忘れ去られている。

美術評論家から経済学者への「転身」の間には、英国における石炭革命＝産業革命(*)による著しい経済発展という光と、その影であるそれまでの手工業者の衰退と、新たに登場した工場労働者をとりまく厳しい労働条件に象徴された人間疎外に加え、公害問題の深刻化と自然破壊もあった。このことは、『この最後の者にも』に読み取れる。労働問題については、労働者の組織化＝組合運動や社会主義運動へラスキンの共鳴と自由主義経済への懐疑もまた、『この最後の者にも』の底流を明らかに形成している。

＊　英国の人口学者のエドワード・リグリィの表現を使えば、土地に基盤をおく農業経済から石炭を中心とする「鉱物基盤のエネルギー経済」への転換ということになる。リグリィは、『連続性・偶然・変化――英国における産業革命の特徴――』（邦訳『エネルギーと産業革命――連続性・偶然・変化――』）で、こうしたエネルギー革

命は、それまでの経済とは決して連続的なものではなく、石炭利用はあくまでも偶然であったとみる。リグリィは、「いわば（神との契約で）義務を伴わない天啓だと考えるほうが用心深い態度だといえるのではあるまいか。つまり、この恩恵が偶然の賜物であって、連続的な発展の結果ではない」（近藤正臣訳）とみた。問題は、農業生産にもこうした鉱物エネルギーが使用されることで、農業もまたきわめて高エネルギー型の産業に転換してしまったことである。スミスやリカードゥの想定した経済の前提条件には、エネルギー革命が想定されなかったのであって、わたしたちは、改めて鉱物エネルギーの制約性やその高エントロピー性から経済を考え直し、現在の経済学のあり方を見据える必要があろう。まさにそれはソディが主張した点ではなかったろうか。

ラスキンが同書で強く匂わした人口増と食糧生産との関係については、出生率の低下とともに人口圧力も下がりつつあった現状もあった。もっとも、古典派の経済学者も、自然重視派のラスキンと同様に、人口圧力がその後どのようになるのかは、必ずしも楽観的ではなかった。しかしながら、ラスキンの考え方を継承したソディは、石炭や鉱物資源に依存する経済の下で、英国経済は大きく成長し、食糧生産の増産において人口圧力が引き下げられたことに言及した。だが、同時に、そのような資源にも制約性がある以上、経済が無限に拡大するはずないことも指摘してもいる。

ラスキンについては、先に「転身」という言葉を使ったが、彼自身は、批判の対象をそれまでの美術から社会へと変えたが、彼自身の人間性重視の姿勢には変わりがなかったように思える。とりわけ、ラスキンにとって、当時の経済学が想定した一面的な人間観＝経済人へのぬぐい去りがたい不信感があった。ラスキンにとって、人間とはもっと多面的な存在であった。同様に、「価格」、「価値」、「富」、「利益」、「貨幣」、「生産」や「消費」などの概念についても、ラスキンは中立的かつ機能的な定義ではなく、人間の存在と社会との関わりを反映させたきわめて倫理的な視点を織り込んだ定義を行っている。

ラスキンにとり経済活動とは、単に市場での経済主体の行為とその過程だけではなく、つねに「何のための」を問い続ける活動でなければならなかった。ポリティカル・エコノミーに対して、ラスキンは、総合学としての、とりわけ、富の配分の学としての経済学を求めた。ラスキンは、価値の源泉についても単なる交換ではなく、人間が生命を維持するための消費と、それに結びついた生産との関係からとらえた。ラスキンは、真の経済学とは人間こそ分析対象であった。ラスキン経済学の特徴は、先に紹介した二回にわたった『デカルト主義経済学』講義においてソディ経済学に引き継がれていた。

第二章　ソディ経済学と貨幣論

経済学を社会学化する道は、まず第一に価格経済学の諸前提を検討することから始められる。そしてこれはいわば交換学としての価格経済学への部分的批判と結びついている。しかし現実の経済生活が価格生活である限り、価格経済学への不満の結果が単純に数量分析一般への否定的態度となるのではいけない。

（高島善哉『経済社会学者としてのスミスとリスト』）

1　エルゴソフィー

ソディは、一九三四年に『貨幣の役割』を著した。副題には「貨幣が過去において何であったのかの対比で、そのあるべき姿を論ずる」とある。ソディは序文で、「貨幣の神秘」を明らかにすることが目的であるとした。それは、貨幣を信用というかたちで創造する銀行家の立場ではなく、一般民衆の立場から貨幣論を展開すると宣言する。ソディは、「貨幣の力」をつぎのように皮肉一杯に指摘する。

「表向きは責任があるようにみえる政府の影を薄くさせるような『貨幣の力』とは、とんでもない単なるお金持ちのもつ権力ではなく、銀行の元帳に数字を書き足し、かき消したりして貨幣を創りだし、そして取り消したりできるように目論まれた権力以外の何ものでもない。そこではコミュニティの利益への些細な配慮もなければ、そこで果たすべき貨幣の真の役割も関係もない。」

ソディ貨幣論での接近方法は、「エルゴソフィー」の立場からである。フィロソフィーは御馴染のギリシア語で、日本語では「哲学」と訳される。「エルゴソフィー」とは、ソディの造語かと思われる。エルゴソフィーの「ソフィー」はギリシア語源で「方法」を表す「ソフォス」から来る。エルゴはギリシア語源で「仕事」を表す。エルゴソフィーを「仕事学」や「仕事方法学」と直訳しても、どうもピンとはこない。ソディ自身は、エルゴソフィーを「人文学者よりは技術者の目でもって経済学、社会学、歴史を統合的にとらえる新しい学説を集めた考え方」と定義した。これは科学者によるある種の「総合学」といってよいだろう。その考え方を反映させた経済学では、ソディの場合にはポリティカル・エコノミーである。ポリティカル・エコノミーという言葉で重要であるのは最初の「ポリティカル」であり、経済における政府の役割をつねに問うという学問的姿勢であり、単なる経済原理を明らかにする経済学とは一線を画す表現である。ソディの『貨幣の役割』（貨幣論）の構成はつぎのようになっている。示しておく。

序　文
第一章　エルゴソフィー——哲学的基礎
第二章　貨幣理論——虚偽の富
第三章　現代的貨幣への進化
第四章　現在の貨幣

第一章にある「エルゴソフィー――哲学的基礎」で、ソディが何を問題提起しようとしたのかをみておこう。冒頭で、ソディは第一次世界大戦では欧州大陸が戦場となり、科学技術が戦争へと全面的に利用されたことにふれる。ソディは、この第一次世界大戦から一六年ほど経過したことを振り返り、世界大戦の経験世代の物理学進歩への意識について、技術が悪用されることに対し強い怒りと不安があると指摘する。ソディは、現在――むろん当時――は従来の政府体制、経済学、社会学、あるいは宗教でさえうまく機能しないことを意識する時代となったとみた。ソディが問題視したのは貨幣制度である。それはすでに時代遅れとなっているとみた。

2　ソディは、「時代遅れで危険となった」貨幣制度の問題点を取り上げる。ソディの考え方では、変革は避けえないのであって、過去がすべてうまくいっていたと考えて、何が問題であるのかを想像できず、将来展望が描けないことが問題であった。貨幣制度の改革こそが、これからの世界において根本的に重要であると主張した。

科学者としてのソディは、科学技術の発展が大量破壊兵器に応用され、「獣慾的な力しか考えないような諸国の手に渡ること」への危険性を従来から指摘していた。ソディは、貨幣論においてもその危惧を表明する。ソディの言葉でいえば、「科学文明」の将来と同様に「貨幣文明」の見直しが必要とされた。彼は「科学的な貨幣制度」が現行制度に取って代わることがなければ、問題が真に解決されないとした。ソディの他の著作などにも共通することなのだが、彼は市場原理がすべてを解決するともみていない。また、政治家にも信頼を置いてはいない——むしろ、不信感を表明していた——。だが、科学的なシステムの下においてこそ、市場への政府の介入を必要ととらえている。ソディは、『貨幣の役割』という著作のねらいをつぎのように指摘する。

「なぜ現行の貨幣体制が人に害を及ぼす力をもっているのか。本書で概要を示すように現行の貨幣制度を正さなければ、なぜそうなるのか。……本書の目的とは、貨幣制度について、わたしたちの規準である重さや寸法の特徴と全く同じような規準へと、どのようにして変更できるのかを示すつもりである。」

ソディは、貨幣制度を単に技術的な問題であるとはみず、コミュニティという視点から「貨幣制度がコミュニティの社会的かつ経済的な健康を維持するうえでも重要である」ととらえる。貨幣に関連する概念、たとえば、現金と信用（クレジット）、あるいは富とは何であるのかを問う。富についても、それは個人に属するものという誤解がある。ソディは、他の著作でもそうだが、本来、それはコミュニティに属するものとみなす。とはいえ、貨幣とは、個人に属する暗黙の前提がある。こうした基本問題への問いかけは、「貨幣科学」からすっかり抜け落ちてしまい、正統派経済学でも検討されてきていない、というのがソディの繰り返し示される見解である。

ソディの経済学批判の根底には、経済学が他の科学と共通の「根」をもたず独立的に発展してきたことへの苛立ちがある。彼は、経済学者などが科学者の明らかにした物理的な現実というものを、なぜ、自分たちの経済学へと応用しないのか。これは、ソディの根本的疑問であり、終生、この疑問を持ち続けた。ソディは、「かなり一般的で完全に回避できない諸原理、とりわけ、エネルギー学の諸原理の重要性でもって、富の生産と配分が影響を及ぼす全共同体の福祉」とは何かを問い、その本質を分析する必要性を説いた。

ソディは「エネルギー学の社会的重要性」について、進化論につながった生物学よりもエネルギー学が今後の人類の福祉により大きな影響力をもつことを指摘する。これはソディの経済学、とくに貨幣論や銀行論にとって重要な視点（＝問題意識）となっている。同様に、彼はエネルギー法則を富にも適用する。彼は「科学諸原理のなかで主要な貢献の一つは、一貫した富のエネルギー理論であり、富と負債の所有の違いを明確に区別していることである」とした上で、「現代科学文明」ーソディは、あやまって「資本」主義文明とされているとするがーが行き詰まることを示唆した。

ソディは「資本」について、「新しい生産方法を準備しそれを可能とさせるために必要な富の最終的な消費あるいは支出という非消耗品である」と位置付ける。ソディのコミュニティ――共同体――論からすれば、この資本とは富であるよりも負債である。彼は、富とは異なる負債は限りなく拡大しうることを問題視する。そうしたなかで、ソディは現実の学問としての「エルゴソフィー」――仕事の知恵、エネルギー、力、純粋科学の統合学ーを提唱した。エルゴソフィーとは、「昔から不可欠であった」富というフランス重農学派以来の言葉の意味を明らかにする学問とされた。重農学派によれば、富とは、その生産という技術的な原理に関係なく商業での交換行為から生じるとみなされた。家族を養うにたる食料などを購買できる紙幣さえあれば、議論は事足りるとされた。だが、食料自体に含まれるエネルギーのカロリー数という点はどうなったのか、これこそが経済学が対象とすべきではないのか、とソディは問う。

ソディが生まれた時代は、英国においては、工業生産が急速に拡大したと同時に、労働者の貧困問題もまた激化した時代であった。ソディはビクトリア時代の経済学とは「階級経済学」であり、資産所有者と労働者との関係を明確にせず、富の真の生産者についても検討されてはいないことに苛立つ。石炭エネルギーによって、労働者の物理的な力が機械などに置きかえられるようになり、ソディは、カール・マルクスの、富は人間労働に由来するといった学説が時代遅れになったと理解した。ソディにとって、富とはマルクスなど経済学者のいう人間労働ではなく、物理学者のいうエネルギーにこだわった。さらに、ソディは、マルクスの貨幣への見方も時代遅れであり、貨幣を金本位制に依拠すべきというマルクス主義者の信仰もまた時代遅れであるとみた。必然、ソディは、マルクス主義者たちの革命観にも疑問を呈した。

3

いずれにせよ、第一次大戦という、それまでの戦争とは全く大きく異なった、巨大な破壊力がもたらした戦争を経験したソディにとっては、政府関係者が科学者にこの戦争がもたらした社会的害悪の解決を求めるようになったものの、戦争の真の原因とは何であったかを明らかにしていないとみた。この悲惨な戦争の原因は、単に食糧獲得など生存のための闘争などではなく、基本的には、ソディからみれば、人間生活にとって不可欠な物理的エネルギーをめぐる闘争であった。ソディは、「戦争や革命は貧困や窮乏からではなく、富の拡大とその分配に抗する無益な試みから起こっている」と指摘する。

富については、その貨幣的側面を無視できない。ソディは、貨幣文明の下では、「国家において富の交換、財とサービスの継続的な流れ（フロー）に影響を及ぼせるのは貨幣だけであり、貨幣は共同体の生命―血液となり、個々人にとって生きるための真の免許となってきた」とした上で、社会的あるいは国際的な不安定性の原因は貨幣にあると主張する。そのためには金貸しに解決を委ねるのではなく、いかなるかたちをとる貨幣であろうとも、その発行について、（政府こそが）大権をもつべきであるとした。ソディ経済学は政策学であり、政府の役割を重視した。

貨幣理論と虚富

1　ソディの「虚富－仮想的な富－論」は、まず、貨幣とは何かで始まる。貨幣の定義について、彼は「現在、貨幣とは、何でも（anything）を手に入れる前に、何か（something）を手に入れる何もの（nothing）でもない」とした。ソディは、貨幣とはこの何か（anything,something,nothing）の間にある真の価値をもつ財やサービスを体現化させた富であるという定義を重視した。貨幣が硬貨、紙幣、あるいは他の形状など何であろうと、貨幣の定義が貨幣の本質を明らかにする。つまるところ、それは「信用」である。ソディはいう。

「貨幣とは、前もって支払いを担保するための巧妙な工夫であり、貨幣文明においては、貨幣の保有者とは購買可能な財やサービスを、まだ、受け取らずに一定の市場価値で、前もって支払った人たちである。これは別に神秘的なことでもない。『信用の道徳的神秘』と呼ばれることは、つまり、信用貨幣のことであり、それは負債の反道徳的神秘と名付けてよい。……信用と負債は関連する。一方は富をもち、他方は負債をもつ。……貨幣とは信用・負債関係の特有な関係なのである。……貨幣とは何人とも逃れられない信用・負債関係を意味する。」

ソディはまっとうな貨幣体制の下では、貨幣発行者の存在は共同体の便益につながるが、詐欺のような貨幣体制の下では、特定の個人だけを利するだけで、貨幣を自ら使おうが、他人に利子付きで貸そうが、そこからは何も生み出されてはいないとする。貨幣史的には、貨幣の出現は、それまでの物々交換のやり方を変えてきた。貨幣が金属であろうと紙であろうと、貨幣の役割は支払い手段であった。このうち、紙幣とは何か購入できることを紙に印刷した受取証みたいなものである。他方、硬貨は溶かせば、金属としての使用価値をもつが、紙幣は単に借用書である。金との兌換紙幣ではなく、単なる印刷された紙に過ぎない紙幣を乱発すれば、政治が不安定化する。銀行による信用創造——民間の貨幣発行——も、実際の貨幣ではないため、これもまた問題化する。従来の金本位制による貨幣もまた、金そのものの交換価値によって影響を受ける。ソディは、貨幣の発行は状況に応じて、その価値を変更できる貨幣政策が必要になるとみた。

ソディは「貨幣政策は『重量と寸法の政策』ととらえた方がよいが……測量学以外の人たちにとって、そうした絶対的価値のあり方へ興味を示さない。経済的な使用においては、それは純粋に貨幣に関係して、一ポンドがどれほどの石炭量や、一杯のビールが何ペンスに匹敵するのか……」とした上で、「わたしたちは、精密科学の大いなる時代に生きているが、貨幣をいまでも金や銀という旧来の半偶像崇拝的な擬似体制にリンクさせている。これは怠惰である」と指摘する。

では、何が貨幣に価値を与えているのか。貨幣と交換価値との関係で、ソディはつぎのようにいう。「たしかに、貨幣の価値はどれほど多くの人たちが貨幣を欲しているのかに依拠している。だが、『人びとは貨幣を欲している』という表現は、あいまいで混乱しているのであって、そこに『富に代えて』を付け加えなければならない……何が貨幣の価値を決定づけるかは、どれほどの富裕層が、貨幣なしに済まそうとしたいのか。それは、彼らが貨幣として保持しようとする信用額の大きさと同じなのである」と。ソディの貨幣論では、個々人と共同体の立場、単なる貨幣量と富の相違がいつも重視される。特に後者の富については、共同体が不可欠とする財やサービスであり、それらが仮想的な富――虚富――であるのかどうか。ソディは、財における貨幣単位の価値、たとえば、ポンド、あるいは価格指数または価格水準と呼ばれるものは、貨幣合計額で割った仮想的な富であるととらえた。

2　ソディにとり富――真の富――とは、人びとが生きていくために必要な財やサービスのことであって、虚富とは信用貨幣であり、さまざまなかたちをとるとされる。ソディにとって、虚（仮想的）富は、一般的には政府や国家の「信用」を意味する。政府が個人から借り入れる借入金――国債――などもこの範疇に入る。ここで着目しておくべきは、ソディは、つねに経済主体としての個人と共同体を区別した上で、富を論じ、貨幣を論じていることだ。

たとえば、ソディは、「共同体の立場からすれば、信用貨幣とは単に強制された課税、あるいは、抗しえない税金の様式である」として、共同体としての国家の後ろ盾がなければ、そもそも信用貨幣は成立しないことを強調する。ソディは、紙幣のような「媒介形式」の貨幣は法的保証の裏付けなくして成立しない一種の負債であるとも指摘する。さらに、ソディは、貨幣について、虚富との関係からつぎのようにとらえてみせる。

「貨幣とは実際に存在している富以上に富を要求する法的権利である……（中略）……結論としては、既存の資産のすべてには、すでに所有者がいるにもかかわらず、貨幣保有者は自分たちが購入することを放棄したもの――実際には存在しないもの――を要求できる権利を有する。この最もわかりやすい類似では、共同体の富を富がないゼロの状態からではなく、仮想的な富の量からすればマイナスのデータから計算されたものである……貨幣には心霊現象のような神秘性などはなく、貨幣には創造的な負の数量を計算するための発明――適法であるが――を導入した単に偽の数学的神秘主義のようなものがあるだけだ。」

それでは、仮想的な富をどう計算するのか。貨幣総量で計算するしかない。当時、現在のマネーサプライという概念を、ソディはどの程度意識していたかはわからない。ソディによれば、経済活動に応じて貨幣量は変動することを述べた上で、仮想的な富は変動するものではなく、変動するのはあくまでも物価水準のことであり、経済の長期にわたる持続的拡張期には、人口の増加や生活水準の向上とともに、仮想的な富の価値は徐々に上昇するとした。しかしながら、「こうしたことが信用貨幣制度の下で経済拡張に応じた貨幣の発行と同じペースで並行していなければ、わたしたちは持続的な物価水準の下落や不労所得者の利益のために、製造業者の破産が起こり、麻痺におちいってしまう」とソディは指摘する。現在の貨幣は、銀行によってつくりだされた信用であり、産業界の人たちが銀行から負債として借り返済する義務を負う。この点において、銀行こそが支配者である。ソディは銀行の役割に注視する。

現代貨幣の進化

１　ソディは、小切手の起源にふれる。小切手は銀行紙幣に先立って生まれ、元来は請求に応じ金で支払う約策であったと説明する。銀行も、元来は商人たちが自分たちの金を安全に保管するために、金細工師のところに預けていたところから始まる。金細工師たちが金のやりとりをする際に、重さを紙などに記載したところから、銀行券も発行された経緯がある。金細工師（＝銀行）たちは共同体のなかで、正直な取引によって信用を得ていった。銀行は、紙幣に対して金への兌換が求められる際に、兌換請求に正直に応じること——あるいは人びとが、銀行が誠実に応じるだろうと考えている——で、社会的信用度を維持していた。

歴史的にみれば、ソディも紹介しているように、英国では個人の銀行と商人たちの間で手形の発行が行われ、その信用組織が一七世紀にはすでに結成されていた。当時の最終的決済手段は金であり、決済額が増えるにしたがって手持ちの金を金細工商に預け、金細工商は預かり証＝紙幣を発行した。やがて、彼らが手持ちの金以上に貸し出すことで、信用創造が行われる。この経緯は、金細工商が実質上の銀行となったことを意味する。しかしながら、すべての銀行が「正直」——ソディはこの言葉をよく使うが——であるはずもなかったことから、手形発行の銀行へ政府の規制が始まる。政府が自ら直接的に紙幣を発行するよりも、貨幣の創造＝紙幣を発行する銀行を監督するほうを選んだのだ。一八四四年の「ピール銀行条例」（＝「銀行勅許法」）は、紙幣を発行する銀行としてのイングランド銀行が、中央銀行として政府の監督下に置かれた。このように、ソディは、『貨幣の役割』で、教科書的に英国銀行史を振り返る。

ソディは、銀行が口座に預金を持たない商人等に対しても、手形の発行を認めることは銀行にとって「貸越」になるが、それは銀行にとって信用貨幣の創造でもあることを強調する。さらに、銀行は決済上の手形だけではなく、融資を行うようになった。ソディは、融資には真(real)の融資と虚構(virtual)——想像上——の融資があるとする。たとえば、借り手側と貸し手側の金額が同額であれば——貨幣の保有が交換されただけ——、貨幣量の増加はなく、それは真の融資となる。だが、そうでない場合——想像上の融資——、貨幣量は増加する。この仕組みこそが、金融という信用創造なのである。ソディにとっては、貨幣の本質とは、あくまでも、財やサービスを購入する手段であり、貨幣が使われない場合―彼の表現では「使用を諦めた場合」―、貨幣は他の人たちが使うために使われること――信用――となる。これを媒介するのが銀行である。

ソディは、この信用創造論から銀行発生史、さらには貨幣数量の視点から金本位制――金兌換貨幣――の歴史を紹介する。彼が銀行の信用創造のポイントとして強調するのは支払準備率であり、たとえば、一〇パーセントの場合、一ポンドで一〇ポンドの信用創造が可能になることを紹介する。貨幣は銀行が媒介となることで信用貨幣となる。ただし、この制度の下では、政府の役割が重要となることを、ソディは随所で強調する。ソディは、貨幣のもつ不思議さ＝不滅さについて、「銀行が貨幣を破壊もできれば、創造もできる容易さとは、貨幣をただで与えるのではなく、貸すことに依拠しているからだ。そして、借り手のために創造された信用貨幣は、自動的に借り手から再び強制的に取り上げられ、借り手が融資を返済したときにその存在が消え失せるのである」と表現する。

2

ソディは、第一次大戦前までは、貨幣が仮想的な富よりも早く増加し――銀行融資が返済よりも平均してより多く実行された――、そこでは金本位制がうまく機能したと指摘する。彼は、人というのは、手元にカネがあれば消費して、生産がそれに遅れることで、物価は上昇するものだという。しかし、人が以前よりは消費を少なくすれば、その分、カネが余ることになり、仮想的な富は増加する。金の価値が任意に固定されるなかで、物価が上昇すれば、金の値段は、財の価値に比較して下落することになる。信用貨幣の新規発行効果は、新しい金鉱が発見されることと同じようなものだ。金とは、国内経済においては、さほど重要ではないというのがソディの見方である。ソディが金本位制にふれるのは、金のもつ国際的な重要性ゆえである。

景気循環によって、貨幣の流通量は変化する。金本位制の下、貨幣量は金準備によって規制されることになる。ソディは金鉱の発見によって、物価も変動するものの、第一次大戦まで、金本位制はうまく機能したとした。たとえば、貨幣量が仮想的な富よりも増加する場合、物価は上昇する。物価が全般に上昇することを通じ、金は財との相対価格において下落する。信用貨幣も同様である。金本位制は金を国際的な貨幣とする。国と国の公債収支の決済には金が使われ、その移送が行われる。貨幣（量）の増減については、銀行が新たな貸出を行わなければ、貨幣量を減少させることになる。また、融資の返済は物価上昇時には容易だが、下落時には困難となる。このようにソディは貨幣、物価、融資との関係論を冗長に展開している。

銀行がつくりだす信用貨幣は、共同体がすでに存在する貨幣の購買力が失われることで流通する。将来支払われる賃金、給与、利子、地代、交通料金、郵便料、専門サービス料など、法律で定められた料金などすべての契約もまた、こうした文脈の下で論じられた。ついで、ソディはインフレとデフレを取り上げる。インフレ時には、賃金などを金で受け取る人びとが危害を受けることになる。他方、デフレのときには、貨幣の価値は元来の金の価値に引き戻される。いずれにせよ、債務者が債務を支払わないことで、経済的な混乱が生じる。貨幣のもつ基本的な目的が消え失せてしまう。財やサービスが生産者から消費者へと送り届けることなく、共同体の利益は、銀行が実物の有形資産以上により多くのお金を貸したために、犠牲にされる。

ソディ貨幣論＝銀行論では、銀行は不思議な存在である。要するに、銀行とは、自分たちがお金を有していなくても、人びとから集めた預金の七〜一五パーセントほどを支払金として残し残額を貸すことで、信用を創りだす存在である。実際には、それは公的な信用であり、銀行の負債なのである。イングランド銀行もまたそうである。政府保護があるからこそ、イングランド銀行は「公衆を騙す」ことができる。政府とて、金ではなく財務省証券の発行によって信用を創出する。ソディは、戦争中、政府の国債発行による信用創造はなんの貨幣的裏付けがなかったことを思い出せ、とでも言いたげである。ソディは戦争中に乱発された国債についてふれたあとで、一九一八年に、英国政府が当時のイングランド銀行総裁（一九一三〜一八）のウォルター・カンリフ（一八五五〜一九二〇）を委員長に据えて、設けたカンリフ調査委員会――正式には「戦後通貨と外国為替に関する」委員会――を紹介する。ソディが、この委員会に「悪名高い」という形容詞をわざわざ冠しているのは、銀行関係者ばかりで消費者や生産者などをメンバーに加えなかったことを批判してのことである。

この委員会勧告では、一つめに早期に金本位制へ復帰すること、二つめに財務省証券を廃止すること、財務省証券を銀行券で置き換えることが主張された。一つめの勧告のねらいは、乱発された国債のかなりの部分は信用の裏付けのないものであるため、元本や利子は金でもって償還されるべき点にあった。これについては、フランス側はその重要性に気づいていた。背景にはインフレ収束の狙いもがあった。戦争中は、生産拡大目的の起債や融資は必ずしも困難ではなかった。もし、戦争中でなければ、このような信用創造が可能であったろうか。カンリフ調査委員会の提案は、はたして正しかったのだろうか、とソディは問う。当時の英国の状況を振り返っておかないと、ソディの問題提起の本質はわからない。すこし振り返っておく。一九二〇年当時、連立政権は、カンリフ委員会の提案を受け入れ実行に移した。利子生活者などは、収束しないインフレに苦しみ困窮していた。世界大戦の行方に平和の兆しがはっきりするにつれ、政府は戦時中に膨張した貨幣の管理によって、インフレを収束しようとした。そのために一層の生産拡大と消費の縮小、労働時間の短縮とワークシェアを訴えた新聞の論調もあった。他方、金融機関は、突然、貨幣の価値を上げ、物価を下げると称して新たな信用契約を開始した。だが、かえって倒産と失業を増やした結果を招いていた。

実際のところ、短期間に物価を下げるデフレ政策にはさまざまな困難が伴った。物価引き下げのために、それに応じて賃金や給与を引き下げることには、労働組合の根強い抵抗もあった。こうしたなかで、弱者はますます困窮した。ソディ自身にとって、金本位制への復帰は物価を引き下げるにはあまりにも古臭いやり方と映ったようだ。ソディが、科学が溢れている時代に、一世紀もまえのようなやり方で、生活水準を引き下げて、これに抵抗する労働者に対抗することはできないと批判したのもそのためだ。

とはいえ、デフレ政策は、金本位制――外国為替――の下で、一九二五年まで継続された。一九二五年の「金本位制法」では、戦前平価でもって、金の延べ棒をポンドと交換できるようにした。この金本位制への復帰は、輸入業者には気前のよい政策であったが、切り下げられた国内通貨でやりくりする国内製造業者にとっては厳しいものとなった。その後、カンリフ調査委員会の二つめの勧告については、一九二八年に連立政権の下で「通貨・紙幣法」のかたちで実行された。この法律で財務省証券が、英国紙幣とされることになった。なお、一九三一年には金本位制を廃止している。

それでは、真の貨幣とは何であるのか。いまでは、政府が何の裏付けもなくなった貨幣の保有者を保護する「責務」を負うようになった。ソディは、「わたしたちは貨幣政策の時代に生きている。その時代とは、貨幣の価値を下げたり上げたりするために、また、そうして物価水準を上下させるために、金融専門家にはよく知られた手段によって、貨幣の価値がつねに変わる時代になった」と指摘する。ソディは、貨幣価値を安定させることなどは、銀行システムを徹底的に変えることなしにはまずは不可能であり、価値ある財やサービスの購入をあきらめ、そのあきらめたものと同じ価値を、再び受け取る権利を有する貨幣所有者に対する正義というもっとも初歩的な原則が、そこではまったく考慮されていないことを強く批判したのである。

貨幣とは幻想性

1　貨幣の便利さとは、すべての経済価値を同一単位（common unit）で表わせることである。だが、そのことこそが貨幣の不都合さを理解するのを妨げている、とソディはいう。ソディは、貨幣の定義を再度試みている。貨幣とは、当該国において、入手可能な市場化できる資産の一定価値を表す負債額であり、その際に、貨幣は負債の支払いのための法的弁済であるととらえた。通常、人びとは、貨幣の背後にある負債・信用関係の受容性を理解しているわけではない。ソディが『貨幣の役割』で何度も強調するのは、貨幣とは単に負債であるだけではなく、元来、個々人に対して購買力を保証する手段であるとしていることだ。それは政府が発行する国債＝信用でも同様である。

ソディは、「すべての負債は貨幣単位で契約され表現されている」にもかかわらず、多くの人が「負債・信用」関係の重要性を理解していないことを問題視したのである。この見方は、ソディのその後の著作でも繰り返し強調される点であり、ソディ貨幣論のいつも中心にあった。他方、「国家の信用」とは、単に国民に負債を貨幣のかたちで課しているだけではなく、国民に対して、貨幣（＝信用）により実際に財やサービスを購入できることを保証できる権力をもっていることである。国家が国民に対して負っている負債とは、貨幣ではなく、「購買力」なのである。

だが、異常なこと（extraordinary thing）は、いわゆる銀行信用という会計勘定に対して、制裁を加える法律が見当たらないことなのだ。実際のところ、銀行は発行した信用に見合った貨幣を保有してはいない。だが、現実の経済においては、信用と貨幣の間の不均衡などは問題視されない。本来、両者に差異などはないはずである。それは、利付国債についても同様である。銀行が実際には信用創造に見合う貨幣を保有していないことを論議しても、それはこじつけ（quibble）とされてしまう。このような状態を終結させるためには、一般公衆が貨幣とは何か――貨幣の本質――をきちんと見つめることである。ソディが執拗に強調する点である。銀行の信用創造という「発明」とは、「無から有を生じさせる」＝「虚富（仮想的な富）」と呼ばれるべきもので、もっとも異常なまでに利益が上がるビジネス（a most extraordinarily profitable business）である、とソディはいう。

銀行というのは、不況時になれば、だれも――企業も家計も――お金を借りようしないから、銀行には支払準備率以上に現金が存在することになる。それゆえに、お金の流れを変えるために、公開市場操作（open market operations）が行われる。銀行システムというのは、わかりやすくいえば、自分が保有する現金の九倍まで――支払準備率が一〇パーセントの場合――の範囲で、利子をつけてお金を発行できる会社みたいなものだ。もし信用力のある借り手がデフレーションの罠にはまり、銀行から借りることができない場合にも、銀行は自ら利子生み債券を購入できるのだ。

では、「現金」とは何なのか。銀行家の慣用句では、それはイングランド銀行にあるお金と信用である。一九三二年に金本位制が停止されて以来、金融政策が物価、国民の所有する貨幣の購買力、国家の負債に影響を与えるようになっている。一九二八年以来、イングランド銀行が貨幣発行権をもち、市場性のある公債の買入れや貸出を通じて信用を創りだしている。皮肉っぽく、ソディは、「糸縫い針通りの老女（Old Lady of

Threadneedle Street)――イングランド銀行の喩――にとっては、そこから利息を得ることできる。だれもこのことを自然で普通でいつものことだと、考えて疑いもしないと指摘する。イングランド銀行へは、創りだされた信用貨幣が現金として戻ってくるのだ。さらに、イングランド銀行は、「現金」を貸出に振り向けることができる。一九三二年の二月からわずか一年間で、イングランド銀行の口座には三億ポンドが積み上がった、とソディはいう。ソディが『貨幣の役割』という著作を執筆していた時期――一九三四年――には、英国の金本位制によるポンド価はさらに一二倍以上の価値をもっているとした。

銀行は、産業界に「架空融資（factious loans）」（＝公共サービス）で資金を提供するものの、デフレになれば、自分たちを救うためにそれを引き上げてしまう。ソディにとっては、銀行という存在は、事実上の新しい貨幣を発行することで、巨大な利益を生み出せる装置以外の何ものでもなかったのである。しかも、それは法律を冒し、最初の信用供与者（＝債権者）と負債者を破滅させるやり方――銀行家の倫理観――として映っていたのである。ソディの銀行観は銀行家にとっては厳しいものだ。

2

ソディは、銀行家とは徴税人みたいなものであるという。既述の一九二八年の法律――紙幣発行はそれまでの英国財務省に代わって、イングランド銀行となった――の下で、金本位制は停止され、英国憲法に新しいやり方が持ち込まれた。これ以前には、銀行券の発行には厳しい規制があった。発行通貨が金に兌換可能であるかぎり、銀行に支払い能力がなくとも発行が可能であった。しかし、そのような保証がなくなれば、金融危機の可能性がでてくる。

どのようなかたちであれ、信用貨幣とは共同体にとって不可欠な財やサービスへの徴税みたいなものである。本来、徴税は議会のみの権限だが、前述の法律は、イングランド銀行へ政府の非公式な徴税者の代理権を与えた。税は貨幣で支払われる。だが、兌換性を失った貨幣＝「支払う約束」——一九三一年の法律でそこからは国王の肖像は消え去った——とは、偽の約束である。貨幣＝銀行券とは、イングランド銀行が財務省の代理として徴税した税金の唯一の認定された非公式的な受取証なのである。ソディは、イングランド銀行と財務省の関係を以前のように逆転させることを主張する。

ソディにとって、銀行の「会計上のからくり」(bookkeeping trick) とは、信用貨幣——紙切れ——を仮想的に創り出すことにほかならなかった。他方、硬貨 (physical token) では、まずはもって不可能なことである。エビで鯛を釣るように、会計上のプラスでもマイナスでも創りだせるのであって、貨幣勘定では、貨幣ゼロはゼロであり、本来は、その範囲において創始すべきである。貨幣の実際数量には限りがある。銀行による信用貨幣は、あくまでも想像上のものであり、小切手とは貨幣ではなく、支払われる権利である。小切手システムの下では、実際に存在していない貨幣がゼロでも、プラスでもマイナスでも変動しうる。ソディは、こうした詐欺的な会計処理は廃止されるべきとみた。ソディのこの指摘からすでに一世紀がやってこようとしている。

現在、金融システムは銀行とあまりにも不可欠な関係にある。資本は、生命維持に必要な財やサービスを生み出すために必要な単なる産業資本という枠と意味をはるかに超えて、さらに一層、金融資本化して、金融というある種の仮想的な世界で飛び跳ね、だれもその瞬間的な実感を把握できないような状況のなかに、わたしたちは現実に生きている。銀行にはモラトリアムが認められている。そうだというのに、銀行は自分自身ではなく、資金の借り手に支払い不能の際に備えて担保——不動産など——を課している。銀行の創り出す信用とは、支払いと返済との時間差を利用しているのであって、物々交換の下でそのようなことなどは起こりえない。貨幣とは、農業でいえば種付けと収穫の時期の相違、工業生産物では生産と消費との時間差のギャップを埋める存在でもある。慣習的にそのギャップを埋めるために、賃金、給与、配当という形で貨幣が支払われる。時間は貨幣にとって重要な要素となっている。

ソディは、正統派経済学者が商業や交換など経済行為だけに目を奪われ、「富の技術的かつ生物的な諸過程やその消費や利用に関する法則」を無視しているようだと不満をこぼす。ラスキン経済学従であるソディにとって、ラスキンのいう「プラスもあればマイナスもある」――一人の者が他者のあきらめた物を交換して手に入れる――を引用して、貨幣数量説は貨幣の交換価値が逆にその流通量――貨幣の流通速度――に依存していることを示そうとした考え方であったのだ。ソディ自身は、そのように貨幣量を計測することに不信感を抱いている。貨幣を信用とみれば、貨幣の価値とは単純にいって、財とサービスの所有者が信用として保有する貨幣量に呼応している。だが、それは共同体の仮想的な富でもある。財やサービスとの交換価値としての貨幣は、貨幣数量と物価指数で割り込んだ仮想的な富のことにほかならない。ソディは、その後、別著で「仮想的富」論を展開する。

貨幣の価値とは、実際に存在する貨幣量の増減、共同体の人びとの経済行為によって変化する。流通貨幣量が激しく急に変動すれば、人びとの生活水準や景気に大きな影響がもたらされる。科学者ソディにとって、この「現象」を物理的な硬貨を利用して金融システムに応用することで、物価安定を維持することを重視する。ソディは、物価安定と貨幣との関係をきわめて重視するのである。ソディは、ここで二つの金融改革学派に言及する。だが、両派の考え方の創始点は異なるという。一つは物価水準を一定に保つために、信用を創造するのではなく、生産の増分がその分配に見合った後に、政府の発行する真正の恒久的貨幣の発行を求める学派である。ソディはこの学派を支持する。その主な理由は、単なる会計上の操作では、ごまかしの効かない物理的な貨幣というかたちをとらざるを得ないからである。

かつての農業生産が主体の経済体制とは異なり、ソディが対象とした経済は工業生産物を中心とする体制であり、農業時代よりも複雑になってきているが、あくまでも重要なのは生産より分配面であるとされた。貨幣がつねに破壊され再生されているインチキ臭い会計上のリスクを避ける上でも、貨幣は恒久的で物理的でなければならない、とソディは考えた。

3

貨幣は貸し出されるべきかどうか。ソディは、それが本物の投資（genuine Investment）であれば是とする。つまり、投資家の投資によって、誰かがその生産物を実際に手に入れる場合である。ソディは、「貸出に反対であり、貸し手がリスクを冒さないという中世の精神の伝統をもっとも継承したことにより、貸し手自身が本物の企業（genuine enterprise）に資金を投じて、リスクを冒すという――彼自身の財産がつぎ込まれた企業が成功あるいは失敗するか――社会学的思想学派が増えてきている」とする。ソディにとって重要なのは、あくまでも本当の貸出（genuine money-lending）である。それでは、貨幣の本質に関わって本当の貸出とは何であるのか。「貨幣の本質とは、それ自身が財とサービスの負債」であり、貨幣とは社会的な有用性を生み出す経済行為に利用されるべきだと主張するソディにとって、貸出とは、個人の間に「新たに私的な貨幣負債（new private money debt）」をつくり出すことにほかならない。そして、それはだれかが退蔵し、使用する――財の消費など――ために借りることを意味する。また、負債額とは、最終的な富

（＝貨幣）の消費に等しい数量が市場から持ち出されたものである。

ソディはこうした貸出のうち、とくに、短期貸出を「物理的に不合理である」とみた。なぜなら、生産と消費の間にはタイムラグ――必ずしも短期的ではない――が生じる。にもかかわらず、短期間でのお金の貸し借りは、物理的に馬鹿げた（physically idiotic）ことであり、すぐにでもやめるべきであるとした。銀行の当座預金や定期預金についても、ソディは預金者が定期預金から当座預金へ預金を移した場合、信用・現金比率に差異はなくとも、そのこと自体、いい加減な過程から生じる金融システムの最悪の偽造（the worst falsifications of the monetary system）であると表現する。ソディにとって、貨幣とは、あくまでも、その所有者が財とサービスを得ることのできる負債のことであり、それが流通貨幣量に相当するので、当座預金と定期預金を一緒に増やす必要はなく、当座預金だけでよい。だが、銀行は定期預金から貸出を行っている。ソディは、一九一〇年代後半からの英国の銀行における当座預金と定期預金の比率を紹介する。その比率は、かつての二対一から一対一――五対一という推計数字もあるが――へと変化したとする。デフレの下で、では、銀行はどうすれば自ら仕掛けた罠――信用創造の破たん――を避けることができるのか。デフレ下での一対一という比率は、銀行がその債務に見合った十分な貨幣を手元にもっていることを意味する。

つぎに、ソディは、金本位制以降の銀行――金融システム――の機能について言及している。実際に、ソディの主張する金融システム、あるいは、貨幣改革論を実行することが果たしてできるのかどうか。不可能であるとすれば、その代替措置はどうあるべきか。具体的には、仮想の富をあたかも実際の富として処理するような会計制度をどのように改変すべきか等々、ソディは多くの問題が投げかける。また、公債発行の残高と借り換えで増え続ける公債という負債の巨大さも、仮想的なレベルであるゆえに、現実の富によって償還することなどきわめて困難となってくることはもはや自明のことではないか、とソディは問題を提起し続ける。

国際金融制度論

「悪貨は良貨を駆逐する」(*)という表現がある。この表現を意識して、ソディは、「悪貨は国家を駆逐する」という。ソディは、当時の金融システムは、複雑な国際経済取引関係の下では長くは続かないとみていた。金との関係が断ち切られた貨幣は、増加すればするほどその価値を減じていくことになる。インフレ期には物価水準は新たな貨幣の発行によって引き上げられ、デフレ期には物価水準は貨幣の破壊によって引き下げられる。国内の悪貨は国家の対外問題を悪化させる。

＊ いわゆるグレシャムの法則である。この法則は、英国商人で王立取引所の設立者であったトーマス・グレシャム（一五一九〜七九）の創意というよりも、当時の考え方を表現したものである。同一の名目価値をもつものの、実際には異なる価値をもつ貨幣（鋳貨）が流通すると、良貨（高品位）は保蔵され、悪貨（低品位）だけが使用される傾向が生まれる。このことを表現した

国を超えた融資や利子支払、輸出入決済、資本移動など複数国間の国際的な金融システム——国際決済システム——は、どうあるべきか。とりわけ、輸出入国間における金本位制に代わるシステムは、どうあるべきか。ソディは、英米間の貿易がドルとポンドで決済される場合の例を挙げて、為替レートとは、それぞれの国が購入できる財の数量に依存しているとしても、一国における財とサービスへの負債を、他国における

財とサービスの同額で相殺することはできないとも論じる。
負債とは貨幣であり、国を超えて貨幣と貨幣とを交換することが必要となる。だが、ソディの持論として、この貨幣とは一国の司法権の下でのみ、銀行がまるで手品師が帽子のなかから兎を出して、それを消すようにして創り出すようなものである。そうであれば、人びとは銀行が国際的通貨も創り出すこともできると考えるかもしれない。実際には、多くの国は国家間の会計処理を単純化させたいために、金本位制を採用したいと考えている。むろん、国家間の関係は富裕な国＝貸手、貧しい国＝借り手であり、対等な関係の場合もある。

ソディは、為替レートについて、その基準（the par of exchange）はいろいろな貨幣（通貨）を使用する諸国において、財やサービスの同一平均量を購入できる相対的数量を示したものであると指摘する。だが、国内では物価を安定させる一方で、対外的に為替レートを一定に維持することは難しい。そうである以上、重要なのは国内物価水準を安定させ、為替レートを自由に変動させることであるとソディは主張する。このモデルでは、貿易相手側との輸出輸入を均衡させておかないと、為替レートが安定しないことはソディも気づいている。現実には、為替レートが安定しないからこそ、金本位制の必要性が主張もされてきた。

金融システム論

1　ソディは、国際的な金融システムの安定性を重視するとともに、従来の守旧的システムからの脱却を強く主張している。ソディのいう信用とは、実際の富ではなく、自発的にその購入を行わない人に代わる富の受取証のことであり、貨幣とはわざわざそのことを明記しないものである。ソディにとって、この単純な考え方こそが、新時代における貨幣の役割を規定すべき創始点である。列車の切符が、鉄道サービスの受取証であるのと同様に、貨幣は財やサービスの受取証であり、一旦発行されると破棄され取り消されるまで、流通することになる。

新しい経済では、富を創り出すことに困難さはない。ソディの当時の経済に対する基本的な理解では、それまでの「不足の経済」から「余剰の経済」へと移行しているのであって、そこには失業問題や貧困問題は本来、生じないと考えられている。真の問題とは、分配のあり方である。さらに突き詰めれば、貨幣機能――銀行の信用創造も含め――について、誤った考え方をすることに起因するとみた。ソディは、旧来の形而上学的経済学派（the old metaphysical school of economists）とは異なり、失業問題などは本来ないものと考えている。必然、労働力や資本もすべて利用しうると考えた。

ソディは、経済学者と社会学者の考え方の違いを取り上げ、「科学的に教育を受けた精神＝人間の動機」に言及する。ソディの考え方では、経済学者は「利益の願望（desire for profit）」を重視し、社会学者は「……主義」の議論を好む。科学者は、個人主義的な社会の下では、もし人びとが生活手段を手に入れることができなければ餓死すること、さらには、人びとは知識を活用して、自然資源を利用できなければ、生存できないことを知っている。そして、ソディは、つねに物理法則（physical principles）を重視した。換言すれば、ソディは、貨幣が物理法則に従って正しく機能さえすれば、個人主義的な社会における失業問題や貧困問題が解決しうる、と楽観的に考えた。それにもかかわらず、経済学者などがそれに気づいていないところに経済学の誤謬を見出し、ソディはその苛立ちを隠さなかった。

ソディは、進んだ文明の下では、人びとはそれぞれ専門的労働につき、互いに依存しあう関係にあると指摘する。こうした分業は、アダム・スミス以来の経済的な見方でもある。だが、社会階層論では、過剰労働を強いられる社会層と、自ら進んで、あるいは、仕方なく余暇を享受する社会層に分離する。他方、ソディの富論では、「富には二つの目的がある」とする。一つめは生存する上で消費されなければならない富――ラスキンのいう「絶対消費」――、二つめは将来の消費のために生産される富である。物理的な見方では、非耐久消費財と耐久消費財ということになる。ソディは、「欠乏の時代（Age of Want）」には、人びとは生活できるだけで満足かもしれないが、「潜在的豊穣の時代（Age of Potential Abundance）」には生産過程の効率向上によって、人びとは余暇を楽しむ機会に恵まれることになろうと見通す。必然、消費とは、単なる生存（just living）のためと、真の余暇（real leisure use）のためのものとなる。ソディは、余暇はもはや年配者のための贅沢ではなく、生産過程から離れて必要な――労働者の精神的・肉体的な健康のために――ものになるとも予想していた。彼の先見性であり、炯眼であった。それは、ソディが構想した第一次大戦後の政府のとるべき政策でもあった。

2　ソディは「新しい経済学」においては、富には、その物理的特徴から「消費できる」ものと「消費できない」ものに区分すべきとする。だが、現実には、用語に混乱がある。たとえば、その例は、カメレオンのような（chameleon-like term）資本でもある「富」という用語である。この誤りは、「消費」に関わる基本的な相違を無視しているからに他ならない。マルクスの富の概念である「諸商品の巨大な蓄積（immense accumulation of commodities）」にしても、「富のエネルギー理論（the energy theory of wealth）」からすれば、そのような諸商品の巨大な蓄積とは、時間とともに単に朽ちるだけの存在である。他方、新しい富とは、日々の生存のために消費されるものである。そこで蓄積されるのは、「富」ではなく「負債」なのである。ソディは、そうした資本負債（capital debt）は、負債として貨幣のかたちをとったものに過ぎないのであり、決して払い戻されることはないと指摘する。ソディの資本観では、資本とは生産＝富に結びつく「生産資本（productive capital）」でなければならないのである。また、消費可能な富——食糧、燃料など——と消費不可能な富——耐久性のあるもの——の物理的差異は、エネルギー上の区別のことであり、生産資本は後者ということになる。

ソディは、非耐久消費財としての資本＝建物の場合については、それが個人住宅なのか、あるいは、工場建屋なのかは関係ないとする。貨幣の役割という視点では、個人住宅は消費市場に登場するが、工場はそうではない。工場は、ラスキンのいうところ資本＝中間物である。他方、ジョン・スチュアート・ミルにとって、「資本」と「非資本」との相違は、財の種類に依拠しているのでなく、資本家の意向によってさまざまな目的ではなく、一つの目的——利潤——のために利用するかどうかに依るのである。アダム・スミスの時代から、資本とは生産のために利用される諸財や工場であり、そのように使われる貨幣のことを指すようになったのである。ソディは、経済学において、そのような資本を普遍的に水も漏らさぬように論理的に定義（watertight logical definition）することは不可能であると主張した。ソディ自身の定義は、すでに何回も紹介したように、資本とは消耗品たる富をつくりだすための消耗品（the consumable product of consumable wealth）であり、重要なのは個人所有のものではなく、永久的な富のサブカテゴリー（the sub-category of permanent wealth）であるとされる。

ソディは、当時のソビエト連邦の成立を意識して、共産主義（経済）と個人主義（経済）——彼自身は資本主義という言葉をあまり使わず、代わって個人主義（individualism）を使うことが多い――を意識して、生産手段の国有化についてもふれている。だが、重要なのは国有化にしても、あるいは、共産主義にせよ、個人主義にせよ、その物理的な帰結（physical consequences）が何であるかとみる。この機能的な見方は、ソディの科学者らしい側面を反映している。ソディは、政府のかたちは人びとが考えるほど重要性をもたないと指摘するのもそのためである。共産主義では、政府がすべての所有者であるに対して、個人主義的社会では、資本とは投資によって供給される――換言すれば、人びとは個人的に稼得したものをすべて消費するのではなく、他者〔企業〕に提供してその見返り（lien or claim）を得る――ものであるとする。個人主義的国家では、消費権は所有者が放棄することで他者に移転される。

資本の消費は労働を軽減し、将来の生産費用を安価にすることが意図される。物理学的――ソディは化学者であったが、物理学的や科学的という表現を好んだ――に考えれば、そこに利息もなければ、割引もなく、また、賃借もない。あるのは所有に関する相互の債務関係だけである。生産における費用構成、利息、卸売物価、小売物価等々は、「社会」の厚生に影響がある。個人主義社会では、富を個人的消費に使うか、生産支出として使うかによって、その影響は当然ながら異なる。この見方はまた、会計上の貨幣の役割に依存するものである。ソディのいう貨幣の循環という考え方では、生産と消費はつねに均衡するものと考えられている。だが、資本の生産では、生産物は消費者に分配されることはなく、賃金等として支払われ、生産システムで富―生産資本（productive capital）――が増えるだけである。生産資本とは、投資家が保有する永続的かつ払い戻しのない負債であるとする。ソディによれば、このことは会計学的にも理解されていないし、金融学者の間でも理解されていないことになる。

失業問題に関心を寄せるソディは、解決策はこの資本と失業者を利用することによる生産の拡大であるとする。生産が拡大して、市場で財の増加となってから、新しい貨幣を発行することは正しい。しかしながら、新しい生産を促すために、産業界に負債として貨幣を発行することは間違っているとする。ソディは、それはまるで切符を販売するために、鉄道を敷設する前に予約事務所を設けるようなものであると指摘する。ソディは、さまざまな事例を使って、実際に必要とされる費用（＝貨幣）と信用、生産者と消費者との諸関係について言及して、富と貨幣の関係について取り上げている。消費者が貨幣による交換で手中――恒久的所有――にするのは家屋、不動産、家具であり、生産者側は工場などである。ソディは、貨幣自体の流通で重要なのは単なる交換ではなく、肝要なのは新しい最終的な富を創りだすためにサービスを交換することであり、そのような交換においてのみ、新しい富が生まれることであると主張する。だが、そのためにどれほどの貨幣を発行すべきか――貨幣数量――を、計算することなど困難である。

この貨幣数量に関係する要因については、いろいろあるだろうが、ソディが最重要視するのは、貨幣数量の決定要因＝物価指数（price index）である。ソディは、運転手が自動車のスピードを調整できるように、物価の動きを統計的にとらえることのできる専門家（technologist）が、新しい富＝貨幣数量を決定できると考えていた。つまり、物価変動に対応して、新規貨幣発行量を決定すべきという考え方である。ソディは、そのようなシステムは現行の金融システム下では不可能であり、富の生産と消費が合致するように計画された合理的・科学的・全国的なシステム（rational,scientific,and national system）の下でこそ、可能であるとみた。ソディは、貨幣の発行権限ほど人類が生み出したもののなかで、最も破壊的で危険な権力はないことを学ばなければならない、と指摘する。

ソディは富については生産よりも、とりわけ流通を重視する。とりわけ、生産物の分配のために不必要に膨れ上がった流通費用（wasteful costs of distribution）が問題視され、それは基本的に誤った金融システムに起因するとした。生産費用については引き下げられても、販売のための不必要競争＝行き過ぎの商業主義によって、必要以上に流通費用がかさんでいることを理解すべきとされた。ソディにとって真の富とは、実際に使用（wealth of use）－消費－するためのものであり、発行貨幣はこの量に呼応したものでなければならない。生産されたものは消費されなければならない。貨幣自体は、生産費用の均衡をはかるため、所有者がそれを認め、将来、支払う用意のある資産なのである。財やサービスのためにどれほど放棄するか――仮想的な富――は、生産過程でかかる費用の一部を支払うために使われるのかに拠る。だが、実際は、そのような貨幣は概して特別費用のほんの一部にすぎないのである。ソディは当時にあって、既存の金融システムも正しくはないし、また、貨幣システムも健全ではなく、現存するすべての富についても、きちんと計算されていないと、と強く主張した。

3　ソディは、人類の発展＝機械文明＝科学時代の文脈において、エネルギーとは何かを真剣にとらえる必要性を強調する。経済的な意味では、人類は自然エネルギーから引き出すことで生存できている。未開文明は、ただエネルギー・フロー――太陽によって農作物を育て、家畜を飼育し、風で船を動かし、水流で水車を回すなど――にほとんど依拠しているだけであった。現在の生活は、人類が登場する前から蓄積された燃料――石炭や石油――によって維持されている。つねに、ソディは熱力学（Thermodynamics）の考え方を重視した。燃料から発生する熱エネルギーを機械力に転換できることを示す熱力学では、いまや人力から燃料で動く機械の時代となった。さらに貨幣の登場によって、生産は人間組織と分業をうまく組み合わせてスムースとなり、生産物についても個人の使用や消費へと分配させることができるようになった。家父長的かつ封建的・共産主義的な社会を、個人の自由を求める社会へと転換させたのは、まちがいなく貨幣の発明であった。

このころのソディの共産主義——むろん当時——への傾倒は、社会的な生産物（＝富）の分配という貨幣の主たる役割が忘れられ、貨幣とは発行者にとって永遠に利息のつく収入源と理解されるだけになったことへの批判である。貨幣のために富を放棄した人たちが利息を払うのではなく、むしろ利息を受け取れることができれば、貨幣の本来の役割がすぐにでも理解できる、とソディは考えた。ソディによれば、ビクトリア時代の非科学的で乱雑な経済学の伝統的な考え方からすれば、もっとも混乱するのは生産の国有化をめぐる政治対立をどうみるかである。そもそも、生産過程で産み出された富のフローの外部に、利用しうる富は存在しないのである。このことこそが真実（real）であって、これ以外のことは債権者と債務者の間の単なる会計上の関係にすぎないのである。

ソディが貨幣論で物価指数を重視するのは、彼自身の第一次大戦中の物価変動の経験からである。彼は科学者らしく、生産過程へ科学的成果を応用できれば、コストダウンによる物価安定に寄与できると考えていた。また、将来においても、貨幣購買力が一定であれば、資本と労働力、債務者と債権者との関係も安定的であることが想定される。ソディは、将来の生産方法などの改善によって生産費用の低廉化が進めば、労働者たちも益することができるとみた。だが、物価が下落すれば、その恩恵を失うかもしれないとも指摘する。他方、生産での改善にもかかわらず、価格が下落しなければ、生産者にとって製品の市場が保証されるとも考えていた。失業中の労働者や資本がうまく活用できれば、新しい貨幣の発行には制限がない。労働力や資本への需要が拡大すれば、労働者たちの交渉力は強くなり、生活水準も向上する。これは蓄えの少ない労働者にとって、その厚生が拡大することになり、賃金も引き上げられる可能性がある。同時に、新しい貨幣システムの基本原則も、新しい資本負債に関して強化される必要がある。ただし、新規資本の増額なしにペンで書き加えた新株——株式所有者へ名目上の負債を増加させる——を発行するだけではなく、産業界に資本を供給するリスクを冒す人たちが、労働者とともに繁栄を享受することができるとみた。と同時に、負債は一定期間内に返済しなければならない。

4

ソディの貨幣論は、論点が急に飛躍したりするものの、貨幣の発行量は物価指数に連動すべきという点では一貫する。ソディにとって、国民の福祉・福利（national or general well-being）でもっとも重要なことは、物価の安定——国民購買力の維持——である。だが、ソディは現時点での貨幣が融資——将来の生産の準備で使われ、そこから利息と利益をうむ必要があるが——などのかたちで、産業界に対して勝手気ままに創り出され、あるいは破棄されるような銀行システムの下では、物価水準を一定に保つことは困難であるとみた。では、物価をどのように計算するのか。でも、そのまえに、重要であるのは、貨幣で購入できる財の合理的かつ代表的な平均価格について、どのようにきちんと定めることができるかである。ソディは、利息をうみだす手段としての貨幣ではなく、消費者のためのものとして貨幣を創りだすことができれば、経済システムは、異なる種類の財の相対価格を決定する諸要因の間に、一定の均衡を生みだすことができると指摘する。物価指数については、たとえば、熟練の職人の家計での平均的な生計費などから計算できることが示される。財務省などではなく、統計局などがこの仕事にあたるべきとされた。

貨幣の発行についても、造幣局が硬貨と紙幣の発行も行うべきとされる。他方、信用貨幣とは、コミュニティへ強制的に課された税金であり、貨幣自体は所有者がそれと同等の価値を放棄し要求すれば、払い戻されることとの保証書であると、ソディはとらえる。貨幣とは「支払約束」ではなく、銘刻された「受取価値」を示すとともに、発行国において法定貨幣である。貨幣は、公的には、所有者に対して永久的に利息がつかず、そして国内では、相互交換によって、必要に応じて、財とサービスで支払われる負債として現れる。

ソディにとって経済学の大きな目的とは、失業問題と貧困問題――相互に関連しているが――の解決であって、ソディの真富論あるいは虚富論では、生みだされた真の富をいかに分配するのかが彼の主要な関心であった。生産と分配の循環を促すことが難しいのは、虚富――仮想的な富――(＝信用貨幣)の増加という問題であった。したがって、ソディは、国家にとって必要なのは、生産者に信用を拡大させることではなく、むしろ消費者により多くの貨幣を提供することであり、納税者に優遇措置を実施することにあるとみた。

ソディは、社会主義運動には同情的であったが、銀行を国有化するという社会主義者の考え方にはきっぱりと否定的であった。その理由は、銀行を国有化したとしても、経済的繁栄に不可欠な物価安定をはかるための安定的な金融システムであるとは限らない。ソディには、そのようなシステムを設定し、どのように運営するかが大事であった。ソディの政策観では、問題が生じてから解決するのではなく、問題の発生を未然に防止することが政策であると指摘する。ソディが、金融政策に限らず、国家を支える官僚機構への不信が強かったのも、官僚たちが金融システムのあるべき姿を理解していないことへの不満と不信から来ていた。失業問題をどう解決するのか、ソディにとってその鍵を握るのが貨幣の役割を正しくとらえることにあった。

とりわけ、個人主義的社会での負債累積の負担は、貨幣の役割の外に存するものであって、この点を理解することが重要なのであるとした。

利息については、ソディが繰り返し強調したように、利息が負債に付加されることの非合理性が強調される。つまり、その物理的根拠（physical basis）を想定すること自体、完全に誤り（completely mistaken）であるとした。ましてや、複利などは単に数学的なものにすぎない。ソディは、複利計算などは、物理的正当性もない独断的で因習的な取り決め（arbitrary and conventional agreements）にすぎないのである。また、ソディは、こうした利息の複利計算とは、農業で作物が種から三〇倍、六〇倍、一〇〇倍のように育つことがないように、あり得ないことを強調する。

ソディは、利息に関する理論を問い直そうとする。ソディは、人は他者にお金を貸すために、自らの消費を控える必要性――そこから利益が得られないとすれば――などはないとする。ただし、自分の公的な老後支援制度、子供の教育、事故の場合への対応のために、消費を控えることはあり得る。ソディは執筆中に受け取った金利計算についての手紙の内容を紹介する。例えば、現行の制度というのは、一〇〇ポンドを借りるのに毎年五ポンド――五パーセント――を支払うのではなく、五ポンド支払えば、次年度は九五ポンドに対して五パーセント、以降、同様にすでに支払った分を差し引いた金額に対して、五パーセント金利を適用するような制度である。ソディは、この元金減額方法について、複利計算の方法を単利計算方法並みに引き下げることを、直接、提案したわけではない。ソディは、低金利で短期間の借り入れと、高金利で長期間の借り入れの返済額の大きな違いを問題視する。ソディが重視するのは、むしろ借用期間である。もし低金利で短期間であれば投資家はすぐに資金を引き揚げ、毎年、他に再投資しようとする。したがって、低利で長期間の国債の発行は困難になる。この代替案としては、定額の通常金利で元金減額方法が望ましい。

ソディは、ベルギー生まれのドイツ人実業家シルビオ・ゲゼル(*)（一八六二～一九三〇）の減価貨幣の考え方も紹介する。ソディによれば、この考え方は、英国では商業会議所や地方政府で受け入れられたとする。ゲゼルの元々の考え方は投機を抑制し、貨幣の流通速度を速め、人びとが手持ち貨幣をすぐに使用することを促すことにあった。

＊　実業家であり経済学者であった。南米アルゼンチンのブエノスアイレスで家業の支店を設けたことから、アルゼンチン経済、金融問題に興味をもつことになった。二〇歳代後半に故郷に戻り、貨幣の役割を論じた『自然的経済秩序論』を出版。バイエルン革命によって州の金融大臣となったものの、その後、反逆罪を課されたりした。

減価率については、五パーセントまでが望ましいとされた。ソディも、ゲゼルの貨幣論に呼応して、銀行に代わり、政府が貨幣発行の手数料（＝税金）として五パーセントを課すことや、貨幣所有への課税などのアイデアを示したりしている。もちろん、ゲゼルのような減価貨幣の考え方もあるが、利息を引き下げるという考え方もある。ソディは、むしろ利息引き下げの影響に関心を寄せた。たとえば、その場合、非生産的な負債や生産的資本はどのようになるのか。いずれにせよ、ソディの主張する負債の負担軽減案はすっきりしている。負債の軽減は、不労所得や貯蓄の一部へ課税することで解決されるという。また、負債そのものについては、その償還期間を有限化させることが必要とされる。国家の富＝生産資本についても、所有者への利息支払いと課税率の適用などが提案された。

国際貿易と通貨

正統派経済学の根本的誤謬は、富や貨幣への誤った理解にある。これこそが、ソディが『貨幣の役割』で繰り返し主張したことである。ソディは、従来の経済学の基本的な考え方を逆さまにする必要があるとする。ソディは、脱線気味に、新聞が報じる株価の上昇は、本当に国民の繁栄を意味するのか。あるいは、国債の利子額が巨額に達しているが、これははたして負債なのか富なのか。この是非を判断するのは、貨幣をどのようにとらえるのかによる。ソディは、当時の経済への多くの人たちの現状認識は、世界で限られた富しかなく、だれかが他者の犠牲において手に入れるしかない、という点にあったとみた。だが、実際には、科学の発達を重視したソディからみれば、そうした利害対立の激しい「欠乏の時代（past age of scarcity）」から、互いに協力してより少ない労働時間で生産を拡大させることのできる「豊かさ（abundance）の時代」へと変化していると分析していた。

ソディのいう「豊かさの時代」とは、第一次大戦の負の側面ではなく、大戦中の軍事力と破壊を生みだした科学技術が同時に生産力を拡大させたという正の側面に着目したものだ。つまり、科学技術の応用によって、より少ない労働力で大量生産が可能になった時代の下は、重要なのはむしろ分配であり、人びとは生産よりも販売価格に腐心し、生産物を売るかに工夫するかとなった。人びとの価格へ意識も強くなり、価格の安さを求める情熱をもつようになった。

ソディは、価格に対する人々のそうしたシビアーな態度については、決して好ましいものとは考えてはいないようだ。ソディによれば、価格の変動は人工的な貨幣不足によるものであり、いまでは、作るよりも、むしろ売ること――交渉事、販売組織づくりや宣伝等々――ばかりに、多くの資金が投ぜられるようになったと指摘する。いうまでもないが、だれでも、仕事からより多く支払われることを望む。他方、価格というのは、最終的に販売が上手くいくまで、当座の生産からの支払額以外のなにものでもない。人びとが稼いだお金をすぐに使えば、価格も低下するものだ。販売上の無駄で不必要な競争のために、コストをかけるのではなく、効率的な組織をつくればコストは下がる、とソディは考える。ソディにとっては重要なのは、生産部門であって、販売部門などに投ぜられている労働力や資本ではない。ソディの関心事は、労働力や資本を生産部門でうまく活用することであった。

ソディ経済学の目指す「豊かな生活」が示唆するのは、労働時間と賃金との関係である。つまり、労働時間が短縮されれば――技術の発達による生産性の拡大によって――、人びとは自身の個人生活を豊かに育み、専門家だけに頼るのではなく、自分自身で余暇時間を選択して、教育や文化を楽しむことになる。その結果、商業部門――ソディは商業に言及するが、より正確には商業・サービス業ということになろう――の利益も増進される。そのためには、労働者にたいして、十分な労働賃金が支払われるべきだと主張したのである。そのためには、貨幣の基本的役割を促す金融システムの改革が必要である。これがソディの当初からの基本的な考え方であった。

ソディにとって、ギャンブルのような投機（＝貨幣使用）は、本来の経済システムを歪めるものであると批判する。ソディは、貨幣の基本的な基礎（fundamental basis of money）とは、個々人が自分自身のためだけに、貨幣を創造するものであってはならない。また、貨幣は貸借を通じて創造され破壊される存在であってはならない。この考え方は、歴史上で全く新しいことであるが、ソディにとって、現行制度とは誤った貨幣システムの結果（consequences of a false money system）に過ぎないと批判した。

失業問題を例にとっても、それは単に貨幣を所有することによって、雇用が生まれるのではなく、物質的な必要物を消費することによって、雇用が生まれ、失業問題が解決されるのである。ソディにとっては、失業問題とは現代貨幣と同様に新しい現象なのであり、貨幣の基本的な役割を取り戻すことによって、根本的に解決されるべきものであると強く信じていた。必然、信用創造が許された銀行へのソディの批判もまた厳しい。

国家間の為替レートについても、その安定が望ましい。そのためには、まずは国内物価の安定が必要となる。実際には、異なる通貨間のスムースな交換は困難なため、金本位制の有利さが主張されてきた経緯がある。ソディ自身は、貿易双方の国益に合致する自由貿易の重要性を強調しつつ、変動相場制の合理性を主張しているようにも思える。自由貿易（＝変動相場制）――為替の自由交換制度――の下では、先進国と後進国の生活水準についても平準化して、諸国間の過度の経済競争もなくなると予想された。ソディは、国内の物価水準が一定であり、交換レートが自由化されれば、諸国間の真の貸借関係はリスクに満ちたものでなくなり、だれしも自由貿易体制に反対を唱えることはできなくなると主張する。諸国間の通貨がそれぞれの国の購買力に基づいて交換され、金本位制に基づく任意の平価が廃止されれば、財の国境を越えた移動を妨げている複雑な財政上の面倒な手続きは必要でなくなると、ソディは考えた。だが、実際に影響力をもつ人たちは、既存の金融システムに固執して、現状を変革したくないだろう。ソディからすれば、それは科学的ではないことになる。ただし、そのような主張は、ソディの場合、単に科学的というよりも、ラスキン経済学徒としての倫理観――人の犠牲や損失によって利するような金融システムは倫理的であるのか――もまた強調される。

ソディにとって、貨幣とはあくまでも公的なものである。私的な存在である銀行がその増減にかかわることは本来のあり方ではない。それは、あくまでも国家の管理の下に置かれるべきものと主張された。ソディは、労働者の生活水準の引き上げこそが、経済の安定にとって不可欠であるとみなしていた。この観点から、ソディは生涯を通じて社会主義に関心を持ち続けた。とはいえ、旧ソ連など現実の社会主義国家には必ずしも親しみをもっていたわけではなかった。また、生産手段の国家独占にも、社会主義国家における官僚主義的な非効率性や消費者意識への無関心さから、ソディは社会主義には疑問を呈してきた。だが、貨幣については その公的役割を強調し、ソディは貨幣にたいして、その国家管理の必要性を強く主張し続けた。

負債から贖罪論

ソディは『貨幣の役割』で、自分の考え方を強く押し出した。だが、ソディは、持論である貨幣改革論が学者だけではなく、実業家や多くの人たちからも、決して受け入れられることがないことを随所で自嘲気味に示唆している。彼が「基本的」、「理論的」、「科学的」ということばなどをよく使ったのも、そのことを強く意識した結果であったろう。ソディの社会改良観では、貨幣の役割を正しいものにすることなくして、貧困や失業などの問題、さらには戦争の勃発などの解決は困難であるという強い信念があった。他方、政治思想、信条、価値観の異なる世界や社会にあって、科学的理解を深めることが、幾世代にもわたり定着してきた貨幣への間違った考え方を正すことにつながると、ソディは強く信じていた。ソディは国家財政の問題にも強い関心をもっていた。この問題もまた、貨幣システムを改革することなくして、解決することのない課題としてとらえた。ソディのそうした貨幣論の中核は、貨幣とは払い戻しのない負債の象徴であるという点にある。

ソディは、経済学のあり方についても、経済学は道徳や倫理にまったく関係のない存在であるという言い訳（pretence）に苛立ちを隠さなかった。そして、そのような言い訳を終わりにしようと主張した。ソディにとって、そもそも、経済学が道徳や倫理をまったく対象としないこと自体が誤りであった。ましてや、経済システムの分析においても、そのような道徳や倫理がないとすることも現実的ではないとされた。悲惨な第一次大戦を経験した世代にとって、経済学者でなくとも、普通の人びとも第一次大戦や戦後の経験を通じて、貨幣の創造・消滅システムに関心をもつべきというソディの思いもあったろう。ソディによれば、貨幣システムは狡猾な詐欺であり、正直な重量や寸法以上に正直な貨幣制度が重要なのである。ソディは、前世紀に貿易や投機を容易にする上で、偉大な進歩として尊敬されるようになった信用システムであるが、現在ではゼロ以下の基準点から変動する貨幣の生産システムとしては、あまりにも幼稚な工夫（childish device）にすぎなくなったと批判したのである。

不労所得に対しても、課税すべきと主張したソディの勤労観は、資金（＝貨幣）だけを動かして、大きな利得を得ることができる金融システムへの批判に結びついていた。彼は生産するのに、何か月もかかった生産物が、銀行台帳の上で生産活動に直接関係しない人たちの手中にあることへ、疑問を投げかけている。現代的な表現でいえば、実物経済とあまりにも乖離しつつあった金融経済——現在ではソディの時代とは比較できないほどその乖離は途方もない規模に達している——が、問題視されたのである。ソディは、自身の国家観あるいは社会観から、銀行が貨幣の創造と破壊（creating and destroying money）を行うことは、社会正義上だけではなく、公共性の点でも許されるべきではないと強く主張した。ソディは、物々交換に代わって、生産と消費の間の時間的ずれを埋め合わせるために、貨幣が使われる場合、それは一時的に購買を放棄した財とサービスという負債であるととらえた。他方、個人が放棄した貨幣という資本負債（capital debt）は、生産の前に、工場や機械など生産財をつくるために消費されるものとした。そうした資本財（＝生産物）は、消費者に直接役立つものではなく、その性質上、信用供与者に対しても、返済のためだけに分配することなどできないとみなした。

ソディにとって、国際間の紛争なども、生産や消費にかかわる貨幣のあり方――彼にとっては間違った機能など――の帰結であるとみた。彼は「正直が最良の方策（Honesty is the best policy）」であり、この格言こそが貨幣についての重要性を物語るものであると指摘する。ソディは現行――むろん、当時――の金融システムを、正直なものへと戻すことを強く主張した。ソディの文明観によれば、西洋文明の問題――行き詰まり――もまた、貨幣制度にあるとされた。ソディは、貨幣の役割を正しくとらえていない経済システムの下では、寄生的な新興成金だけが利するだけであり、紛争から生じる死に疲れ果てた世界に憎しみの種（seeds of hatred）を植え付けるだけであり、このことは西洋文明の井戸を毒薬で汚すことなのだと警鐘を鳴らした。ソディにとって、重要であるのは、科学が自然の制服から、わたしたちの社会のさまざまな問題の解決を目指すものでなければならない、と強く信じていたのである。

第三章　ソディ経済学と虚富論

少なくとも一パーセントの人々は、多分、職業につかわない時間を、公共的に意味のある研究に注ぎ込むだろうし、その人たちが生活していくのには、何もこの研究にたよっていないから、彼らの独創性は妨げられないだろうし、学界の長老が設けた基準に合わせる必要もないだろう。

（バートランド・ラッセル（堀秀彦・柿村峻訳『怠惰への賛歌』）

1　化学と経済学の思考

先にソディの「デカルト主義経済学」講義を紹介した。デカルト主義経済学という言葉は、経済学史においても必ずしも一般的ではない。では、ソディは、何をもってデカルト主義とし、何をもってデカルト主義経済学とみなしたのであろうか。そこには、ソディが「化学から経済学へ」と転じざるを得なかった思考や思想の上での転換点があったに相違ない。一般的に、デカルトといえば、『方法序説』にある「われ思う、ゆえに我あり――コギト・エルゴ・スム――」というよく知られるようになった表現が有名である。

そこに象徴されてきた数学的な厳密性と明証性に傾倒した彼の学問的方法論がデカルト主義とされる。ちなみに、デカルトの死後に発表された『世界論または光論』では、デカルトは哲学者というよりもむしろ自然科学者である。そこにあるのは、物理学――力学――、数学、化学、生物学、天文学、心理学などを統合して光などの自然現象をとらえようという自然科学者としての姿勢である。ただし、彼の自然理解観は、どこか機械のような機能的な感じがする。

それゆえに、ソディが前掲講義の冒頭で「デカルトから……」というかたちで、わたしたちが「火、空気(風)、星やその他すべての物体の働きを知ることができれば、自然の主人かつ所有者として人間生活を全きものとできる」という文章に言及したのだろう。ソディのこの引用文は、デカルトのどの著作からとられたかはよくわからないが、言葉としてみれば、『世界論または光論』の冒頭部分と重なる。いずれにせよ、デカルトの自然観――自然法則への理解――は、化学も含め近代的な科学的思考の先駆であった。ときに、科学的な思考がそれまでの人文学的なそれに優越する信仰を生んだ側面も否定できない。そこにあるのは、物体と精神の「二元論」であるといってよい。デカルトは、のちに出版した『哲学の原理』で、つぎのように述べている。

「『私は考える、ゆえに私はある』という認識は、あらゆる認識のうち、順序正しく哲学する者が出会うところの、最初の最も確実な認識である。このことから、精神と物体との区別、すなわち、思惟するものとの区別は知られる、ということ。そして、これこそ精神の本性、および精神と物体との区別を知るための最良の途である。」(井上庄七・水野和久訳)。

学生時代にデカルトの著作を読んだにちがいないソディも、それまでの経験科学から、物質の本性や化学反応の理論的メカニズムの解明によって、理論科学へと進みつつあった化学を学ぶことで、デカルトの自然科学的方法論に興味を抱いたはずである。

2

化学者ソディは、著作などでは「化学法則」ではなく、もっぱら「物理法則」、「熱力学法則」、「エネルギー法則」という言葉をよく使っている。現在の化学専門分野のカテゴリーでは、物理化学者といったほうがわかりやすいだろう。既述のように、彼の時代には、従来の錬金術などから派生したどこか胡散臭い経験的知識に基づいた化学は、ようやく、元素、分子、化学反応のメカニズムとともに、ラザフォードやソディの時代には、原子などの構造や性質も解明され、従来の化学が電子やイオンなどの動きを物理的にとらえる物理化学としても成立していった時代である。

ラザフォードとともにソディも、ウラン化合物の放射線が強まることや、ウラン原子がアルファー粒子を放出しながら、その性質を変化することに着目したはずである。ラザフォードは、放射物質に特有の壊変を「半減期」と名付け、ソディはラザフォードとの共同研究のなかで、原子とその放出する粒子との関係式を研究していた。その過程で、ソディは、周期表で同じ場所にある原子には変種があることに気づいている。ソディは、同じ位置にある原子を同位体（アイソトープ）と名付け、この功績でノーベル化学賞を受賞した。原子での電荷の動きなどは、どちらかというと、それまでの経験的な化学というよりも、物理学的な取り組みによって明らかになった。この意味では、ソディは物理学的想像力を鋭くもっていた化学者でもあった。

ソディは、若いころからの科学志向があったからこそ、大学でも化学や物理学に大きな関心を持ち続け、原子核を中心とする研究生活のなかで科学的に思考をさらに深めた。必然、ソディのその後の経済学研究、より正確には古典派経済学――彼の言葉では正統派経済学あるいはデカルト主義経済学――へも、きわめて自然にその科学的論理が適用されたといってよい。ソディの化学から経済学への取り組みについて、環境経済学者のハーマン・デイリーは、『成長を超えて――持続可能な経済発展――』（邦訳『持続可能な発展の経済学』）で、物理学から経済学に転じた米国人の天文学者サイモン・ニューカム(*)とソディを比較している。デイリーは、「ソディは、学徒としてではなく批判者として経済学に参入し、部外者にとどまった。……彼（ニューカム――引用者注）はかなり正統な『経済学原理』（一八八五年）を著したが、同書は、彼が経済学の入念な下調べを終え、経済学をもう少しだけ科学的な権利を得たことを証明するものだった。他方、ソディは、経済学をまったく新しい出発点を必要とする似非科学であるとみなした。リカードはミルやマーシャルではなく、ジョン・ラスキンが彼の着想の源泉であった」と位置づけた。

＊　サイモン・ニューカム（一八三五～一九〇九）――カナダ生まれで数学や物理学を学び、のちにハーバード大学へ進学し、米国海軍天文台に務め、ハーバード大学天文台の所長、ジョンスホプキンス大学教授となる。米国数学会の会長も務めた。経済学のほかにＳＦ作品も残した。

デイリーの指摘のように、既に紹介したソディの『デカルト主義経済学』はパンフレットのようなわずか本文四〇頁ほどの小著であり、講義録である。しかしながら、従来の経済学的な枠組みや経済学的用語に慣れ親しんだ者にとって、きわめて読みづらい内容である。講義では、実際にはロンドン大学の学生などが聴講していたはずで、やさしい口調がそこにある。だが、わかりづらい。それはソディが経済学をそれまでの経済学的な理論ではなく、熱力学法則などから当時の経済、経済体制や経済学のあり方を語っているからであろう。逆にいえば、この点に気付けば読みやすくなるといった小著である。

先に、ラスキンがソディの発想の源泉であったことは、『デカルト主義経済学』講義で、彼がもっとも頻繁に引用していることからもわかろう。デイリーは、ソディの部外者的なアプローチについて、その当然の帰結として、「ソディは変人としてきれいさっぱり忘れられ、いまも忘れられ続けている」と指摘する。他方で、デイリーは、ソディ経済学のすべてがまちがっていたわけでもないことは、その後の歴史的事実のいくつかが示していることを指摘する。デイリーは、「ソディが経済学からもっとも多くを学べたかもしれないという事実は、経済学者がソディから学ぶものは何もないということを意味しない」と前置きした上で、ソディ経済学の特徴について、つぎのように分析してみせる。

「経済学に対するソディの基本的な哲学的なアプローチは、還元主義なき唯物論と呼ぶことができるだろう。われわれは物質と精神からなる根源的な二元論を認識し、『二元論の妄想』と闘わなければならない。……経済学は物質と精神、電子と魂の中間領域を占めるものとする。……（デイリーは前述のソディの講義内容を引用しつつ——引用者注）経済を当然のごとく永久運動機関と考えることに対する、他の熱機関と同様に、人間にとって生活上の身体的な問題は、エネルギーの問題だ。……ソディにとっての基本的な経済問題は、人はどうして生きるのかであって、日光によって、というのがその答えだった。現在の日光であれ、日光に依存して生きていくうえで人間がその支配に服さなければならないのが、熱力学の第一法則と第二法則だ。これは簡単に言えば、『物理科学と国家としての受託者責務（state stewardship）の関係』だ。ソディにとって、富とは『人間にとって有益な形態の物質とエネルギー』のことだ。」（新田功・藏本忍・大森正之訳）。

「国家の受託者義務」とは前述のソディの「デカルト主義経済学」講義の副題（The Bearing of Physical Science upon State Stewardship）である。ソディが同書で執拗に繰り返し指摘した「富」とは、エネルギーの継続的なフローに依拠する生命と同様に、物質やエネルギーから構成され、それは「生命のない（無生物的な）」力学＝熱力学法則に依存する存在とされた。しかし、デイリーも指摘するように、経済活動の人間的側面――精神と意思――へ、物質に関わる無生物的法則を全面的にはたして適用できるのかどうか。ソディは、母校オックスフォード大学の化学教授として赴任し、その後、経済学の研究を本格的に始めるが、同じオックスフォード大学に在籍した経済学者たちと論議を重ねていれば、また、彼の無生物的法則と経済法則との関係についてより深い探求を重ねていたかもしれない。

3

物理法則や熱力学法則と経済学との関係についていえば、ソディは、資源の有限性を意識せずに、経済成長に偏した経済学のあり方に疑義を唱えた。ソディの熱力学法則へのこだわりについて、デイリーは、ソディと同様にエントロピー法則を重視する環境経済学者のニコラス＝ジョージェスク＝レーゲンの経済学にも関連させて、つぎのように指摘する。

「熱力学の第一法則と第二法則が経済学の出発点でなければならないというソディの主張は、根本にかかわる見識だ。低エントロピーの投入の供給源も、高エントリーの投入の供給減も、高エントロピーの廃棄物の廃棄場も、ともに無限ではないことをわれわれが発見するに至って、この見識の妥当性はますます高まってきた。……（レーゲンと同様に――引用者注）経済過程はその物理学的な座標においてエントロピー的であること、富が開放システム――低エントロピーの物質・エネルギーの減少に始まり、同量の汚染された高エントロピーの物質・エネルギーを環境に返すことで終わる。……力学的な現象が可逆的であるのとは対照的に、エントロピー的な現象は不可逆性によって特徴づけられるが、この点に標準的な経済学の力学的な認識の致命的弱点があること、さらに低エントロピーの二つの供給源の間には決定的な非対称性があること……太陽の低エントロピー（ソディの言う収入）は、総量がほぼ無限であっても、それの地球へのフロー率が厳しく制限されているのに対し、地球上の低エントロピー（地殻中に集中的に存在する鉱物）は、総量が厳しく制限されていても、われわれ自身が選択したベースで使い果たすことができるという事実だ。産業革命以降、経済発展は、太陽からの豊富なフローに依存することがますます少なくなる方向で、また、この相対的な希少な地球上のストックに依存する方向で推移してきた。これは、ソディが『華やかな時代』と呼んだものであり、それは短命に終わることを運命づけられている。」

こうしたエントロピー法則と人間の経済活動を結びつけて、経済や経済学のあり方を論じたのは、おそらくソディが先駆者である。これは、先に紹介した「デカルト主義経済学」講義でも明らかである。しかしながら、デイリーも指摘するように、ジョージェスク=レーゲンの『エントロピー法則と経済過程』（一九七一年刊）のどこにもソディの名前はでてこない。この点について、デイリーは、「ソディが経済学者ではなく化学者であったからであり、また、彼の経済学の著作にはすべて、彼の経済学研究がもつ貨幣論的な性質だけを表わす表題、たとえば『デカルト主義経済学』といったわかりづらい表題がついていたからだ」と忖度する。また、内容的にも、ソディの経済学は体系的なものではなく、貨幣論や仮想的富論がそこかしこに登場するためである。

ただし、化学者ソディは、化学原理などに言及することは少ない。一連の著作でも、もっぱら自然法則や物理法則、エントロピー法則などに言及した科学的な視点から経済を分析するスタイルをとるのである。必然、ソディが直接、化学に言及して、富とは何かを展開することは少ない。ソディは後述『虚富論』（『富、仮想的な富と負債――経済学上の逆説の解決――』）の第六章で富の生産と消費、エネルギーについて、ドイツで発明された窒素固定法――ハーバー法――による窒素酸化物の化学反応を例に取り論じているぐらいである。ソディは、『虚富論』で、読者のなかには化学の専門家からなぜ経済学への道（path）へ進んだのかに興味を持つ人もいるだろうとして、彼自身の放射能研究についてふれている。ソディは、放射能の発見ほど広く関心を集め、ベクレル、キューリー夫妻、ラザフォード、トムソン、ラムゼー、ジュリー、ブラッグたち先駆者たちの名前を挙げている。そして、原子力エネルギーが利用可能となったときに、世界がどのようになるのかを考えることは当然だとする。

ソディは、化学（科学）者として原子力エネルギーのもつ可能性について、化学の成果が毒ガス兵器として第一次大戦に使用されたことを振り返って、楽観的な未来を語ろうとしているわけではない。ソディは、原子力が「石炭と石油の時代」に取って代わる可能性を「自信をもって予測できる」とするが、その経済社会的影響を手放しに肯定的にとらえているわけではなかった。ソディの関心は、科学の発展が「新しい富」を生み出してきているが、なぜそれが貧困問題を解決するのに役立っていないのか。なぜ、失業問題が解決されていないのか。なぜ、貧者は富者にますます従属せざるをえないのか。これらはいずれも、ソディの『虚富論』の底流にある基本的かつ素朴な問題意識である。ソディは、絶えず「科学とは呪われるべき」存在なのか、と問うたのである。

戦争・科学・経済学

1　ソディは、オックスフォード大学の化学教授となった一九二〇年代に、前掲の講義録『デカルト主義経済学』を発展させたかたちで、一九二六年に『富、仮想的な富と負債――経済学上の逆説の解決策――』（以下『虚富論』）を発表している。ソディは、『虚富論』で「科学と混沌とした世界」の関係を問題視した。同書は、英国人の気化オイルバーナーの発明家で貨幣理論家のアーサー・キットソン（一八五九〜一九三七）にささげられた著作であった。

『虚富論』の序説で、第一次世界大戦が科学戦のかたちをとり、科学がそれまでの理論ではなく、実際に大量殺戮に利用しうることを証明する結果となった。このことに対して、ソディは、科学は、本来、社会の改善に向けられるべきだ、と強く主張する。にもかかわらず、「科学の輝かしい時代」の下で、英国でさえ「貧困」と「失業」の問題が山積しているのはなぜであるのか、を問うている。

一九一四年に勃発した第一次世界大戦にふれておくと、七月二八日に、ボスニアの首都サラエボで同国を訪問中のオーストリア皇帝の甥フランツ・フェルディナント（一八六三〜一九一四）大公が、若者に暗殺されたことから、世界大戦が起こった。その日、大公の運転手が道を間違えなければ、この暗殺事件は未遂に終わった可能性もある。世界の惨事の多くは、いくつかの偶然が負の連鎖を呼び寄せた結果としか思えない。キリスト教文化とイスラム教文化が融合したようなこの美しい街並みの一角で、小さな火が一挙に欧州全域に燃え広がり、アジアにも広がった。戦争には、いつも逆説（パラドックス）が伴う。平和維持＝戦争防止のために、欧州各国はさまざまな同盟関係を取り結んでいた。逆に、このことが戦争拡大への歯止めとならずに、むしろ導火線の役割を果たした。オーストリアは、暗殺翌月にはセルビアに対して宣戦布告した。その翌月には、ドイツがロシアに、その二日後にはフランスへ宣戦布告した。翌日、ドイツは中立を宣言していたベルギーに攻め込み、これにたいして、英国はドイツに宣戦布告した。当時の英国外相のエドワード・グレイ（一八六二～一九三三）は、「いまでは欧州の火はすべて消え失せようとしている。自分たちが生きている間に再びそれが戻るのを見られないだろう」と、状況の推移を悲観した。

宣戦布告の波紋は、八月に入っても収まらず。モンテネグロはオーストリアとドイツに、セルビアはドイツに、オーストリアはロシアに、英国とフランスはオーストリアに宣戦布告した。イタリアは、翌年、アドリア海沿岸とアルプス地域の領土獲得を目指して、オーストリアに宣戦布告した。こうした宣戦布告の底流には、それぞれの諸国の外交・軍事上の思惑があったことはいうまでもない。フランスは、普仏戦争（一八七〇～七一）で失った領土の回復をはかる好機とみて、ドイツとの戦争を拡大させたが、ロレーヌ地域での戦闘で二週間もたたないうちに二五万人の兵を失った。だが、国内での厭戦ムードの拡がりが懸念され、ロレーヌでの敗北は戦争終結まで秘密にされた。アジアでの戦いでは、日本がドイツとオーストリアに宣戦布告したが、戦線は中国の青島などにとどまった。アフリカでは、欧州各国の植民地の再分割が進んだ。

この四年間にわたる大戦は、ドイツ空軍の小型爆弾によるパリ空襲、ドイツの潜水艦（Uボート）による無制限攻撃、化学兵器（毒ガス）の使用、戦車、塹壕による長期戦によって、各国の失った兵士の数は、それまでの戦闘とは比較にならないほど、膨大な数に上ったのである。一九一六年七月から四カ月あまりにわたった戦争では、三〇〇万人近くの兵士が従軍し、一三〇万人近くの戦死者を数えた。欧州各地に拡大したこの戦争は、一九一八年一一月、ドイツのウィルヘルム二世が退位し、三日後に休戦条約が結ばれ、西部戦線での戦闘はようやく終結した。

大戦による死者数は、一〇〇〇万人を優に超えたといわれる。ドイツだけで一八〇万人、フランスが一四〇万人、英国が七五万人以上、ロシアが一七〇万人、イタリアが四六万人、トルコが三三万人、アメリカが一二万人と推計されている。このほかにも、負傷者は二〇〇〇万人以上に及んだといわれる。ソディが科学によって「動乱した世界」と表現した「戦争」とは、このようなものであった。

ソディは、科学の成果は破壊ではなく、大英帝国の日の沈むことない経済力は階級間の激しい対立、スラムで象徴される貧困問題などの解決に向けられるべきであると考えていた。ソディは、科学への純粋な信奉者などではなく、若い頃から社会問題、とりわけ、階級間の社会対立などへの関心をもちつづけた科学者でもあり、第一次大戦のあと、本格的に経済学へと歩みを進めることになる。そうしたソディの経済学は、つねに国家の役割（State Stewardship）とは、政府が眼前の問題に対して何をなすべきかという政治経済学であった。

2

化学者ソディは、『虚富論』でも「科学者」や「物理学者」としてという前置きで、持論を展開することが多い。だが、経済学者と自称することはなかった。それは彼の諸著作において、科学者としての経済学批判を展開しているからであって、経済学が前提としている諸条件が科学的——化学と物理の法則——でないところに、経済学の根本的誤謬を指摘する。後述するが、経済学ということでは、ソディは、『虚富論』で政治経済学（Political Economy）、政治的経済学（Politic Economy）、生命経済学（Economics of Life）、近代経済学（Modern Economics）、国民経済学（National Economics）という異なる呼び名の経済学で経済を語っている。ソディは、これらの呼称が異なる経済学で、何を示そうとしたのだろうか。

たとえば、「政治経済学」とは、ソディにとって真の富＝国民的富を明らかにして、人びとに静かな暮らしと隣人との良き関係をもたらす経済学である。また、ソディは、本来の経済学とは人びとの交換行為を通じて、貨幣の増殖のみに関心を寄せる貨殖学＝商業学とも異なり、「人間が自分たちの生命を維持するために作りだす富――真の富――」に関する学問であるとする。この考え方は、ソディがラスキンから受け継いだ経済学観――貨殖学を商業的経済学と非難した――である。ソディの政治経済学は生命経済学でもあった。これに対して、政治的経済学とは、生命と富との関係をとらえようとしない経済学であるとされる。

ソディは、エネルギーの有限性を扱わない近代経済学――スミスなど古典派以降の経済学――についても、それは経済活動の核心を明らかにしていないという。経済学が富の生産とエネルギーとの関係を最重要な分析対象としないところに、ソディの経済学批判の根元がある。富とは、あくまでエネルギーに関連するものであって、貨幣としてとらえるものではないと考えていたソディにとって当然であったろう。また、経済学とは、本来は「人間の性質に関する」病理学であり、経済学者が病理学者であれば、社会はもっと良くなっているはずだとも指摘する。ソディは、『虚富論』の副題となっている「経済学上の逆説」について、序説の「科学と政府」で取り上げる。

ソディは、物理学が技術や工学、心理学などの発展に貢献したように、政府の役割についても貢献しうると考えた、といってよい。それは『デカルト主義経済学』の副題が「物理科学の政府管理（state stewardship）への関連性」からも、容易に忖度できよう。ソディの経済学――ポリティカル・エコノミー――の最終目的は、経済上の逆説の解決策の実行を政府に促すことであり、そのためには、物理学者が重視するエネルギー保存則のような「航海者の羅針盤」を経済学においても用いることにほかならない。重要なのは、国民経済学の科学であり、明らかにされるべき法則とは、気体に関わる法則と同様に相対的に単純なものであるはずだ、とソディは考えた。

ここでいう「国民経済学（National Economics）」とは、国民の生命を維持するためのエネルギー獲得をめぐるものである。人間は、生命＝生活の維持のために、燃料としてのエネルギーを求めて、現在では、人力に代わって外部から燃料が補給され、機械によって生活必需品などが生産されるようになった。ソディは、そうした生産手段を「資本」——カメレオン的用語——とした。また、太陽エネルギーの恩恵の産物である農産物も、人工的なものに代替されてきているとはいえ、動植物への依存は断ち切れない。

貧困・失業・経済学

1　ソディは、『虚富論』の第三章で貧困と失業との関連性を取り上げる。この課題は、後述するように、「怪物的矛盾」と表現された。ソディは、当時にあって、真に重要視すべき問題は「富の供給」についてではなく、むしろ「階級間の分配」のあり方であるととらえ、政府の基本的な役割はその解決を促すことにあるとみた。ソディの経済学——政治経済学であり国民経済学——は、生命とエネルギーの関係に着目して、貧困と失業問題の解決を目指した経済学であると等値できる。ソディにとっては、資本で表現されるようになった生産手段についても、石炭などの燃料と機械によって、かつての自然エネルギーに関する法則は過去のものにされた、と異議を唱える。機械の生産拡大に果たす役割が増大したとしても、機械は永久運動する装置になりえない。そこにエネルギーがつねに供給され続けられなければ、機械はやがて停止する。ソディは、物理的エネルギーがどのようなかたちをとるにせよ、それはカロリーのような熱エネルギーへ変換が可能であるとして、自身のエネルギー論を続ける。

エネルギーの保存については、第一法則がある。ソディの例えでは、ケーキもまたエネルギー量をもつ。第二法則とは、「ケーキを食べるとどうなるのか」という点に関するものであるとされる。ケーキ（＝食糧）から得られるエネルギーは消費され、あるいは、腐敗する。だが、その逆はありえない。要するに、同じケーキを何度も繰り返し消費して、そこからエネルギーを得ることは、物理学的にも経済学的にも不可能であると指摘される。ソディは、さまざまなエネルギーは熱エネルギーへと転換され得るが、それを逆転させることは困難であると指摘する。それは、あたかも高温から低温へ移る熱を再び、逆転させることの困難さと同様であるとする。水力の場合は、ポンプを利用すれば可能であるが、すくなくともポンプを稼働させるための別のエネルギー源が必要である。ここで、不思議だが、ソディは、化学者らしく反応における不可逆性という概念を持ち出してはない。

もし、永久運動機械があるとすれば、第一法則を破らず、また、第二法則を無視して存在することになる。ソディ自身は、回りくどい表現をしているが、第二法則を無視するには、別のエネルギー源が必要となるが、それとて、さらに別のエネルギー源を必要とさせる。そうした無限の連鎖が形成されなければ、そのような永久運動を維持し得るはずはない。ソディの指摘で重要なのは、エネルギーの流れは一方的であり、その継続的かつ循環的な使用は、想定できないことである。ソディは、自らのこうした科学観から、真の富の源泉とは生命の維持のためのエネルギーであるとみた。

ソディは、経済学を単なるエネルギー論だけの対象としてだけでとらえるのではなく、そこに彼の時代の眼前にあった「貧困――あるいは失業――」と「欠乏」の諸問題の発生源としてもとらえた。ソディは、さらにその根本原因について、経済学における「富」と「負債」=「虚富」の混同――法的慣習――によって生み出されたものとみた。ソディにとって、この混同は、あくまでも人為的な誤りであるとして、その科学的解決を求めたのである。

ソディは、第一次世界大戦下で疲弊した人びと――とりわけ、労働者階級――の困窮問題の解決が進まないことの原因について、その根源には、貨幣への誤った理解があるとみた。ソディは、エネルギーと人びとの努力により産み出された富を、あたかも貨幣的象徴物としてとらえること自体が誤りと指摘したのである。むろん、機械力が労働現場でますます利用されるようになり、労働者の肉体労働も軽減され、それとともに労働者の役割も変容してきた。ソディは、この点について、労働も、非生物的な動力源に依拠するようになったということを認めていた。ソディは、自動車――彼の時代には、米国を中心にたしかに自動車の時代となりつつあった――に象徴させて、機械の登場を論じたりもしている。より少ない労働力で、ますます大きな生産拡大が可能になりつつあることについて、労働者の仕事は、物理的に軽くなるが、ソディは、精神的には単調で面白味のないようになっていく将来像を描いた。

2

ソディは、富の構成要素(ingredients)について、「(科学的)発見」、「自然エネルギー」、「勤勉さ」に集約させてとらえる。最初の「発見」はあくまでも偶然かつ突発的なことであるが、これ以降、その発見によって歴史は大いに変わりうる。だが、「自然エネルギー」と「勤勉さ」は富の生産において継続的でなければならない要素であるとする。また、ソディは、「富」には二種類あり、一つめは「国民的」富で、二つめは「個人的」富であるとした上で、経済学が両者を混同してとらえているところに問題があるとみた。個人の生命維持にとって必要なさまざまな富、また、共同体（コミュニティ）――自分たちの社会――の生活維持にとって、必要なさまざまな富をどう測定するのか。そこに、共通の尺度があるのかどうか。たとえば、その生産に要したエネルギーの量、あるいは、人の生命維持に必要な単位数を設定し表示することは、可能な場合もあるだろうが、概して困難か、あるいはほぼ不可能な場合が多い。実際のところ、富の交換価値は金銭上の価格によって測定され、経済学はそうした富を分析対象としてきた。

だが、そのような富は、仲買人や投機家によって、国民的な富としては追加分の富がないにもかかわらず、あたかも価格的には増えたようにとらえられる。生産者間のトラストの下では、生産を減少させ価格を引き上げて、あたかも国民的な富を増加させたようにみせかけている。ソディは問う。この現象は、物理的な富の増加ではなく、個々人の出費を貨幣現象として増加させただけではないのかと。そこで、ソディは、経済学ディレンマ論を展開する。彼はジョン・スチュアート・ミルが『政治経済学原理』で、「国民的な富」と「個人的な富」を区別したことを評価するが、そもそも富のうち、どの部分が真の富であるかを区別しなかったことを批判する。ソディは、ミルの「空気論」を取りあげる。この考え方では、空気はだれにも独占されず、無料で提供されていることで、労働は空気の獲得ではなく、他のものに用いることができる。だが、空気が独占されれば、その所有者の必要性を超えるものが富となる。他方、出費によって手を入れざるをえない他の人にとっては、空気は無料ではなくなる。ソディは、この空気論から、貧困と豊かさとは何かを問う。

もし、食糧や燃料なども、空気のように無料で提供されれば、ソディは、人びとが他の活動に時間と労働を費やすことができること（＝豊かさをもたらすこと）を示唆する。ただし、経済学的な尺度では、富は減少としたとみなされるだろうとする。経済学が富を対象にするものであれば、この矛盾をどう解くのか。そこで、ソディは、経済学の前提となる経済社会のあり方について、複雑化・高度化（unsophisticated）していない社会と近代化した社会での生産と消費の関連性を取り上げる。

彼のいう複雑化・高度化していない社会では、生産＝消費の図式が成立するが、近代的な社会では単に消費のためではなく、交換のために生産が行われる。後者の社会では、個人の富の蓄積が経済を動かす力である。だが、この個人的な富は、必ずしも国民的な富――真の富――ではなく、むしろ国民的な負債――仮想的な富――である可能性もある。ソディの指摘の重要な点は、わたしたちの社会が、富＝財の実際の所有という時代から、富を請求できる権利＝富への法的請求権がますます大きくなった時代へと、変わったことへの着目である。ソディにとって経済学――ポリティカル・エコノミー――とは、そうした富と虚富の混乱から「国民的富」の概念を解放する学問でなければならなかった。そうでなければ、経済学とは、単に政治的な経済学（politic economics）と改名すればよいではないかと述べる。ソディの経済学への不信と強い批判がそこにある。ソディにとって、科学的にそのようなことを考えれば、人口増によって危惧されている貧困問題なども解決可能なのではないかとみていた。

富・負債・仮想的富

1　ソディは『虚富論』の第四章「正統派経済学者（Orthodox Economists）の誤謬」で、「富」と「負債」を取り上げる。彼にとって「富」とはプラスで示される物理的量であり、他方、負債とはマイナスで示される量であり、物理学者からみれば負債とは実体をともなわない仮想的なものである。彼は「豚」を例にとる。たとえば、二頭の豚はだれもが見ることができる現実の姿であるが、マイナス二頭の豚はだれもみることができない。わたしたちにとって物理的に最小の量とはゼロであり、ゼロの豚ということになる。マイナス二頭の豚というのであれば、それに先立ってプラス二頭の豚の存在が前提となる。純粋に数学的計算上ではマイナス二頭はありうるが、プラス一頭の豚からマイナス二頭の豚で、マイナス一頭の豚が眼前に存在するわけではない。ここでも、ソディはプラスである「富」を分析対象とせず、もっぱらマイナスである負債の研究＝「貨殖学」に偏した「正統派経済学者」を批判する。彼はいう。熱力学法則に従う「富」とは異なり、「負債」とは「物理学法則よりもむしろ数学法則に従うものである」と。

ソディは「正統派経済学者の誤謬」として「信用」を取り上げる。彼は銀行などが生み出す「信用」を「魔術的な力をもち血なまぐさい想像」に例える。彼にとって経済学とは共同体が実施に所有する富についての「国民経済学」でなければならず、仮想的な富＝信用のみを対象とする経済学は「個人的経済学」であってはならないのだ。貨幣も富の所有権を実際の富を移動させずに移動させる手段にすぎないとみる。貨幣と信用の差異は、購買力からみれば、前者が交換される富の法的請求権であるのに対して、後者は負債なのである。ソディは、負債は熱力学法則に従う富とは異なり、腐ったり消費されたりはしないことを強調する。むしろ、それは複利計算＝数学的法則によって増大するのである。ソディは、複利計算が物理的に本来は不可能な過程とみて、経済学は「富と負債の間にある根本的な混乱」を重視してこなかったことこそが科学の時代にあって、失業と貧困の悲劇を生み出していると批判する。彼は、とりわけ、銀行など金融制度の発展によって、貨幣の性質そのものがますます変質してきたことがさらに混乱に拍車をかけているとみた。

ソディはそのような混乱の歴史的起源を求めようとする。他章でも他の著作でもそうだが、彼はローマ帝国時代や古代ギリシャ時代に遡る。当時にあって、富とは奴隷＝労働力の所有＝財産権であった。ヨーロッパ近代における富に関する法律——財産権（title）——もまたこの延長にある。もろん、富＝貨幣の所有に関してもまたこの流れにある。だが、当時の貨幣制度と現在のそれとは大いに異なっている。銀行による信用創造によって生み出される貨幣は、それまでの貨幣の性質を変化させてきたのである。アリストテレスの時代には、富と貨幣の乖離がなかったかもしれないが、現在では貨幣とは富ではなく、富に対する「請求権（Claim）」にすぎない。にもかかわらず、ソディは経済学者が貨幣と交換可能なものを富であるという論理に魅了されてきたことを問題視する。

ソディにとって、貨幣とはまず富ではないことが重要なのである。富とは測ることのできるプラス（正）の量をもつ存在であり、他方、貨幣とは富を所有しているのではなく、あくまでも富に対する請求権なのである。富と貨幣の関係について、経済学者は富の交換価値を貨幣で測ることができると考えた。富（wealth）とは語源的には古代英語では「繁栄（prosperity あるいは well-being）を意味するが、ソディはさらに古代ギリシャ語まで遡ってその原義を探っている。

ソディによれば、富とは「欲求（want）」や「欲望（demand）」の語源をもち、そこから派生して「欲求された」、「欲望された」ものを意味するようになったという。古代においては、富とは「要求するもの」と「所有するもの」との間には区別があったとされた。ここでソディは経済学との対比で「理財学（Chrematistics）[*]」を持ち出す。前者が人間の生命を維持するための富の生産活動に関する科学であるのに対し、後者は貨幣増殖のための科学であるとした。

＊　ソディはこのギリシャ語の語源にはふれていないが、アリストテレスは経済学とは区別してお金のことを扱った学問としての「理財学」として、富＝財の生産者ではなく、生産された財＝富を交換するだけでより大きな富＝貨幣を得る商人などを非難した。ソディにとっては前者、つまり、財＝富の生産こそが経済学の対象である経済学観を継承した。この言葉は理財学と訳されるが、貨幣学あるいは貨幣増殖学と訳してもよい。

フランスの重農主義者たち、アダム・スミス、ジョン・スチュアート・ミルやカール・マルクスもソディにとっては、ローマ帝国やギリシャ時代から継承した法律的権利と生命維持のためのエネルギー使用による財の生産に関わる経済行為のあり方を混同してきている学者たちとして批判する。一九七〇年代から芽生えてきた環境経済学の論者からすれば、ソディは熱力学法則を重視した環境経済学者の始祖の一人とされる。だが、それ以前に、彼は一貫して貨幣が仮想的な富を生み出す側面を取り上げ続けたのである。ソディは仮想的な富は仮想的であるにもかかわらず、なぜ実態のようにしてつくりだされるのかを真剣に問う。ここに彼の根本的な問いかけがある。

2

ソディはそこに人間の意思＝人工的を見出す。でなければ、無から有が創り出されるはずはないと考える。ソディは富の源泉として「地球（Earth）――資源――」、「人間の精神（Human mind）」、「人間の意思（Human will）」を挙げる。彼自身は当時の経済学者の種々の文言を引用しているが、基本的には銀行が貨幣を介在させて創り出す「信用」なるものの本質をとらえようとする。この場合、貨幣とは実際に富の所有権を物理的に移動させずに、その代償物（*quid pro quo*）として移動させることのできる便利な手段である。

本来、この貨幣は本来、具体的な財やサービスに対する購買力であるのにたいして、同じ貨幣でもそれを媒介として創りだされた信用とは、どこが異なるのか。貨幣を使えばその請求権は消滅するが、負債は決して消滅することはない。ソディは米国を代表する新古典派経済学者のアービング・フィッシャー（一八六七～一九四七）の一九一一年刊の『貨幣購買力論』（*The Purchasing Power of Money*）の銀行信用論にも言及するが、彼の根本的疑問に応えたものではなかったようだ。

ソディは、貨幣の本質とは貨幣のもつ購買力＝富への法的請求権――法的というのは国家がそれを保証するという文脈において――であり、貨幣のやりとりはその保有者が一時的にその権利を譲渡することであることを本書の随所で繰り返す。貨幣は国民的富に対する請求権として富のかたちで返済を求めることができるのであって、彼は戦時国債があたかも返済可能な利子付負債――仮想的な富――であることを疑問視する。彼は、これはラスキンによってすでに指摘されてきたことでもあるとも指摘する。再び、ソディは貨幣との関係で「富とは何か」について、当時、ロンドン大学（LSE）の経済学教授でマーシャリアンのエドウィン・カナン（一八六一～一九三五）の『富論』（*Weatlh : A Brief Explanation of Causes of Economic Welfare*）に言及して論じる。ソディは経済学者が富を国民生産――グロス（粗）ではなくネット（純）として――に限定しつつ、経済学内部の課題として効用や満足度について論じているが、外の世界と富との関係について取り上げなくなったことを批判する。

ソディは「何が経済学の主題であるべきか」という基本的な問いを投げかけ続ける。彼は、経済学とは「人間の幸福にとっての物質的な側面」を取り上げ、明らかにするべきと主張する。ラスキン経済学徒であるソディにとって重要なのは「どれだけ所有しているのか」ではなく、「どのようにしてそれを手に入れたのか」を論じないような経済学は「政治的」＝「国民的」な科学なのかと批判する。ソディはここで唐突な感じで、富と利子発生との関係、有閑階級の考え方について取り上げている。有閑階級にとって進歩とは、食糧や燃料などという財の物理的な側面から、さらに共同体的な負債――たとえば、コンソル公債（永久利子支払債）や戦時公債など――から永遠に利子支払を受け取ることなのか。ソディにとっての解答はそうではない。彼が一貫して重視するのは、諸個人にとって富ではなく、コミュニティ＝社会全体にとって富の内実であり、労働と生命の維持に関わる科学法則を明らかにすることなのである。

所得＝富が利子を生むという観念は、有閑階級や財産家にとっては望ましい常識＝「個人的経済学（Individual Economics）」＝「階級経済学（Economics of a Class）」であるかもしれないが、ソディの目指す「経済学（Political Economy）」ではなかった。後者こそがソディにとって科学であった。ソディが「富」についてつねに「科学」あるいは「物理法則」で示唆しようとしたのは、生産要素としての「富とは負債とは異なり、蓄積されれば腐敗するもの」であるとしたことである。また、富とは生産を通じて仕事を生み出すものであって、余暇を生み出すものではない。経済学はあらためて負債と混同せず、富の性質を理解すべきであるとする。この点で、ソディは『平和の経済的帰結』（一九一九年刊）や『貨幣改革論』（一九二三年刊）におけるケインズの考え方が誤り――複利による利子増大は富ではなく負債であること――であると批判している。ソディにとって、ケインズが問題視した需要の不足が不況の原因ではなく、真の原因は富の分配の不平等問題に過ぎなかった。

3

ソディは『虚富論』の第五章「非正統派の見方と一般的見方」でスコットランド出身の経済学者へ

ンリー・マクリード（一八二一〜一九〇二）の「絶対的な富の存在」を否定する信用論＝貨幣論を再び取り上げている。ソディは仮想的な富である信用を重視するマクリードたちの考え方もさることながら、人びとの財やサービスに対する個人の欲望や満足度を富の尺度＝基準とする考え方に反発する。ソディにとって富とはあくまでも具体的に消費できる生産物であり、それは人間の生命の維持＝消費でなければならないのである。この点で、ソディはラスキン経済学徒である。ここでも、生命維持のための必要物である富が信用によって増大しうる負債への権利へと変化したことに異議を唱えている。

また、絶対的な富がなぜ相対的になるのか。なぜ第一次大戦初期に英国の財務大臣の金融政策によって、英国の富が減価したり、戦後に増価したりするのか。なぜ、負債だけが減価したりせず、増大していくのか。戦後、金鉱が新たに発見されたわけでもないのに、貨幣の価値が何倍にも上昇するのか。そこで、ソディは富の概念を明らかにするために、保存の物理法則を持ち出してくる。ソディは、ラスキンに言及して、経済学が科学として成立するには富の「論理的定義」が不可欠であるとつよく主張する。このためには、エネルギーの法則、とりわけ、熱力学の第二法則の適用が必要であるとした。ソディによれば、熱力学第一法則についてはエネルギーの概念に適用される一方で、第二法則はエネルギーについて役立ち利用可能なものと、役に立たず利用不可能の分類に適用できるとした。富とはわたしたちに役立ち利用可能なものである。

ここでソディは正（プラス）と負（マイナス）の関係をもちこむ。富の生産は利用可能なエネルギーが失われること――マイナス――で生み出されるが、エネルギーが失われることで富の生産が生み出される――プラス――わけではない。エネルギーとはつねに一方的な流れを示している。ソディは経済学においてはこのようなエネルギー論は検討することはないが、人びとの生産活動を扱う経済学は、物質科学におけるエネルギー法則を無視して構築されるはずはないとする。

ソディは、経済学が利用可能なエネルギーが利用不可能になる形態への変換、エネルギーの流れの制御とその結果としての富を対象にしていながら、エネルギーの本質を対象にしていないことに苛立っている。ここでも、ソディはギリシャ・ローマ時代にはなしをもどす。当時の奴隷制に依拠した文明では動物や植物の利用によって自分たちの内部エネルギーを確保しつつ、科学によって外部エネルギーの利用も進むことになる。唐突だが、彼はここで貨幣の出現にふれる。

貨幣そのものは自己再生産されないが、何かと交換される媒介として働き、何かを購入すればその量――枚数――は減少する。だが、貨幣を貸せば、再生されるようになる。はなしは急に現代となり、ソディは一〇〇〇ポンドに年率五パーセントの利息が付加されれば、家族、その相続人＝後継者は永久に生活が保障される。これは物理学法則よりもはるかに優れているように見える。まったく何も所有していない者にエネルギーを与え続けるのである。貨幣の所有者が独立した収入を十分にもっていれば、貨幣を他者に利息付きで貸すことで収入は増加することが保証――請求「権」――されるのだ。ソディにとって、経済学が科学として真の富を問いつつ、なぜ貨幣と複利との誤謬に満ちた関係を問題視しないのかを問うてやまなかったのである。

富・貨幣・仮想的富

1　ソディは、科学としての経済学においては、「富の概念」にも物理学の保存則、特に熱力学の第二法則を適用すべきだとする。エネルギーは熱力学の第二法則に従って（一）有用で利用可能な自由なエネルギー、(二)有用でも利用可能でもなく制約のあるエネルギーに分類される。(二)は「エントロピー」であるとされた。

富と貨幣との関係については、ソディは『貨幣論』でも繰り返し強調したように、貨幣とは「富」に対する単なる請求権にすぎないにもかかわらず、それが富と同等にとらえられることを批判して、そのような富を虚富——仮想的な富——ととらえた。彼は、経済学者がそのように貨幣をとらえ、貨幣と交換できるもの=富としたことに異議を唱える。ソディは経済学史において重農主義者に同情を寄せている。フランス重農学者たちはすべての富の源泉を土地に求めたことで、経済学を物理的な現実に基づいて組み立てたが、貨幣については法律的定義で済ませたところに限界をみる。カール・マルクスについては、富の源泉を労働に求めたものの、富の交換価値=貨幣価格に固執したところにやはり限界をみた。ソディはアダム・スミスやジョン・スチュアート・ミルについても富と貨幣の関係について不十分な認識であったことを批判する。

ソディは『虚富論』の第七章で「古い貨幣と新しい貨幣」という貨幣論を展開する。ソディにとって、わたしたちの社会の大前提は生命維持のための富の必要性であって、それはエネルギーと人びとの働きの結合物である。そのような富は個人的なものではなく、共同体——コミュニティ——のものであり、消費において個人的である。これもソディ経済学の前提である。共同体と個人の消費生活において貨幣は必要なものである。だが、貨幣は必要物であるが、危険——「政治社会的な疾病」——をともなう存在であるというのがソディの思想の底流にある見方だ。

貨幣とはそれがもつ購買力は変動することで利害関係を生み出し、わたしたちの人間性も貨幣のもつ力に対して経済的従属を強いられる。そうした貨幣は将来世代へ無制限の利子支払いのツケ=永遠の奴隷制をもたらす危険な存在でもある。必然、社会問題は貨幣のもつ危険性を理解することなくして解決しえない。にもかかわらず。多くの人たちは貨幣を「負債」ではなく、「国民的な負債」であると逆転した考え方から始める。必然、ソディは「近代的貨幣」について、経済学者たちが「貨幣とは何か」の単純な疑問に対しても答えられないのだと指摘する。従来の「子供でさえ、……価値ある金属からつくられていたのかの理由を理解できる」金などの金属貨幣がなぜ、近代的貨幣としての紙幣＝「銀行紙幣」や「小切手」などへと置き換えられてきたのか。ましてや、「いろいろな形をとり、とらえどころのない」銀行信用＝金融システムとは何なのか。

ソディは貨幣の「進化」を振り返る。原初的で個人が理解しうる貨幣である「金」や「銀」という鋳造貨幣＝正貨は、溶解されれば金属としての価値をもつ財産権である。それは同一価値の財などの交換が可能である。だが、実際には、鋳造貨幣であってその価値を支えるのは負債への法的支払いの権利がそこに付与されているからだ。ソディの図式では、財やサービスの売り手はその所有を買い手に渡し、買い手は売り手に貨幣を法的支払い義務として渡す。そこには等価値の交換を媒介する手段としての貨幣の役割がある。貨幣は売り手と買い手、あるいは債権者と負債者との間の法的請求権である。それでは、正貨と紙幣との貨幣としての違いはどこにあるのか。

ソディは、唯一の違いは、国民国家にあっては、最終的に債務不履行の場合には貨幣を溶解させて金で払い戻す法的な約束事——国家的な仕組みで溶解されることはまずもって考えられないだろうが——である。他方、紙幣はそのようにはなっていない。いずれにせよ、「近代貨幣」とは金貨であろうと紙幣であろうと、所有者への購買力の払い戻し権利を証明する象徴物（token）である。現実の財＝富を売り手と買い手の間で貨幣を媒体として、この関係が循環する限り鋳造貨幣などは必要がないことになる。

つまり、「正貨に基づく」経済でも、「信用貨幣に基づく」経済でも、この循環関係によって富は分配される。ここでは、共同体——ソディは「コミュニティ」という言葉を頻繁に使っているが、多くの場合は「国家」の意といってよい——で、富は人びとの所有する貨幣と支払い義務を負う人びとの貨幣の総計である。これが負の量を持つ場合、ソディは「虚富」——仮想的な富（Virtual Wealth）——と呼ぶ。ソディは共同体が実際に必要な貨幣量以上に多くの貨幣＝富を保有するかの如く振る舞うことに、深刻な問題を見出した。彼にとって、近代貨幣の下での経済成長とは富もまた増大させるが、同時に虚富＝負の富＝仮想的な富をも増大させ、国民経済の姿は富と虚富との総計のように見えたのである。

2

「信用」とは国家レベルと個人レベルとでは異なっている。個人の場合、信用とは、負債者が利子を支払うことへの恩恵として同意されたものである。国家の場合には、信用とは、生産にかかわる国家全体とその消費における個人に関わって共同体全体に恩恵を及ぼす。信用＝国債＝国家の負債とは、最終的に国家が支払わなければならない一方で、仮想的な富＝負債は払い戻されない負債でもある。真の富は貨幣の購買力を示すが、虚富＝仮想的な富は実際には存在していないのである。虚富とは共同体が財などのかたちで保有困難なものであり、貨幣額だけの世界である。

ソディは貨幣制度＝信用システムの起源についてアテネやスパルタなど古代ギリシャの時代に遡ろうとするが、その論考は断片的なものにとどまっている。彼が重視するのは国家的な貨幣は利子を生まないが、銀行が生み出す信用＝貨幣は利子を生むことの違いである。溶解させればそれなりの価値をもった金属鋳造貨幣は使われなくなり、西洋諸国では「信用」と象徴的貨幣が生み出され、いまでは紙幣の時代となっている。ソディはフビライ・ハン（一二一五〜九四）の時代での商人たちが金を持参するよりも、彼の帝国内ではなんでも購入できた紙幣にも言及する。ソディの紙幣発生史論にふれておこう。

フビライ・ハンの東洋とは異なって、ソディは西洋では紙幣の起源は異なったとして、金細工師からはじまって銀行が商人たちから預かったお金に利子を付して信頼できる借り手に貸し、借り手の商人たちが互いに取引関係にあり、また複数の金細工屋＝銀行に預金がある場合には、銀行間で支払いの約束事の紙＝小切手を発行したのである。そこには金の介在はない。だが、そのような紙切れが有効かつ安全であるのかどうか。そこには問題がある。つまり、発行者あるいは銀行が支払い不能に陥る場合、それは単なる紙切れになる。ただし、銀細工師＝銀行がつねに支払能力があると人びとが考えれば、銀行券という紙切れは信用されうるのである。ソディはそこに銀行券の発生をみる。紙切れは金よりはるかにたやすく貨幣として機能――流通――しはじめたのである。ただし、この紙切れには金という後ろ盾があった。

金細工師から転じた銀（金）行の紙切れ＝小切手を使用する商人たちが互いにそれらをやりとり――貨幣の所有権移転――している間は、銀行は金も貨幣も実際には不必要になることに気づいたにちがいない。手元にある貨幣＝預金などは利子をつけて貸し出されたことで、貨幣は何度も循環して使われるようになった。ソディはこうして金融システムが形成されたことを強調する。(*) ソディは皮肉っぽく、この金融システムの下で貨幣が「使用するため」のものから利付きで「貸し付けるため」のものへ「堕落」したのは、イングランド銀行が銀行券を発行する特権――一八四四年の銀行憲章法――を政府から与えられてからであると指摘する。人びと、とりわけ商人たちは貨幣＝現金を持ち歩かなくとも、彼らの銀行口座に基づき小切手で決済すればよくなったのである。それは銀行にとって小口の現金需要――引き出し――に応じて、少額の現金を手元においておけばよいことを意味した。

＊ だが、第一次世界大戦の勃発によって、ロンドンのロンバード通りの金融システムは機能不全に陥ることになる。ソディははっきりとは述べていないが、英国政府の戦費調達問題の浮上である。

ソディの虚富論からすれば、銀行が実際に貨幣＝現金を保有しないにもかかわらず、虚富に利子を付与して貨幣を貸し出すこと＝信用の創造に疑義を呈する。彼は経済学者がこの利子を「銀行業務サービス」――顧客の口座管理――とみなすことやこの虚富を銀行の資産とみなすことにも批判し、これは「貨幣はどこだ？」というパズルだと表現する。彼の論理では、銀行から貨幣の貸し付けを受けた人たちは必要とする財を購入することで、彼の貨幣も銀行が創り出した貨幣の区別も消滅する。後者の貨幣＝信用とは利子を生むための想像の産物であるにもかかわらず、貨幣とはどこにあるのか、とソディは問う。彼は回りくどい表現で述べているが、仮想的な富＝信用＝幻想の貨幣は最終的には国家の真の貨幣に取って代わる存在であると主張したのだ。

さらにソディは問う。「真の貨幣」と「幻想の貨幣」についてみれば、真の貨幣の貸し出しと払い戻しの間では貨幣量は変動しない。だが、後者では払い戻しの際にはそれより少ない貨幣しか存在せず、好況時で貸し出され、不況時に払い戻しが生じた場合、どうなるのか。彼は銀行以外の人たちにとってどの程度の貨幣量が存在するのかはわからないだろうという。ここで彼は論理を飛躍させる。科学時代にあって、その場しのぎのような金融・銀行システムの下で、失業と貧困の諸問題が解決されていないことがこのシステムのもつ問題性を示唆しているのだという。銀行での預金量に関係なく、信用が創造され続けている。ソディは政府が信託しているわけでもない銀行が支配する社会においては、銀行家は自分たちの顧客に責任をもっているかもしれないが、共同体＝政府＝社会にたいして責任を有してはないことを批判する。

『虚富論』でのこのような貨幣論を通じて、ソディは経済学者が暗黙裡に是認する経済法則、とりわけ、信用システムを批判するときの常套句は「科学的か、科学的でないか」であるといってよい。彼にとって、財やサービスに関連する現実の生産活動の結果こそが「真の富」であって、銀行が創造する貨幣（新しい貨幣）＝信用貨幣はエントロピー則も含めた物理法則から遊離して、無から有を生み出す「幻想の富――仮想的な富――」であることを繰り返し強調したのである。

第四章　ソディ経済学と環境論

われわれは生きた自然という資本を長いこと食いつぶして生きてきたのだが、食いつぶす速度が比較的遅かったのである。この速度がむちゃくちゃに上がったのは、第二次大戦後のことにすぎない。

（エルンスト・シューマッハ――（小島慶三・酒井懋訳）『スモールイズビューティフル』）

1　科学法則と経済学

ソディの実質的な経済学の最初の著作となった『デカルト主義経済学』――講義録――から『貨幣論』や『虚富論』にいたるまで、彼は随所で科学法則、物理法則、エネルギー法則、熱力学法則という考え方を頻繁に紹介してきた。『デカルト主義経済学』などはわずか四〇ページすこしの小著であるにもかかわらず、ソディは経済学について化学（的）、数学（的）、物理（的）、熱力学（的）、科学（的）、物質とエネルギーの諸法則、エネルギー・フロー、熱力学原則などの用語で論じる。ソディにとって科学法則を経済学にも適用すべきであり、経済学という科学は当然ながら科学法則に基づくものであるべきと強く主張したのである。

この場合、科学法則とは何か。すでに何度なくふれてきたように、ソディにとってそれはエネルギー法則＝熱力学法則以外の何ものでもなかったのである。ソディの人間の経済活動の結果としての「富」の基本的な性格をもういちど振り返っておくとつぎのようになる。

「富」――貯蓄不可能な支出＝消費のみのフローであり、それは太陽エネルギーから得られるものであること。太陽エネルギーが太陽から発せられ地球にフローとして注がれるがストックできない性格をもつ。太陽エネルギーから生まれた植物などの作物や家畜＝富は本来蓄えることはできないのである。だが、この富は貨幣のかたちをとり、その一部は資本財＝金融資本として物理的に腐ることはなく、信用貨幣として複利計算で物理的にではなく人工的――慣習的――に無限に増殖する。

熱力学的には永久機関は存在しないが、貨幣、実際には信用貨幣は永久機関のようにストックされつづける。これは物理学法則的に本来は成立しないのである。こうした考え方をするソディにとって、批判の対象は金利生活者や資本家階級である。

科学者ソディにとって、生産のための生産こそが人類の生命維持の基本であって、そのためには投資とは生産能力の拡大のために設備――機械――に燃料――エネルギー――と物的資源を投入＝支出＝消費することにほかならない。にもかかわらず、利子や配当を得るための投資は実際の生産活動ではなく、資産＝財への請求権を手に入れることにすぎないとする。それは真の富の生産につながっているのだろうか、むしろそれは負債＝仮想的な富にすぎないのではないかというのがソディの根本的な疑問である。

真の富の生産に関わる経済学の科学性は、まずは熱力学の第一法則と第二法則から出発すべきとソディは説くが、その論理展開はあまりにもそっけない。化学者としてのソディは、グラスゴー大学で一九〇四年から一〇年ほど講師を勤めながら、ウランなど放射性物質の物理化学的研究を続けている。ソディは、グラスゴー大学時代にのちにノーベル賞を受賞することになるアイソトープ概念の着想を得ている。ソディはこの時期に一冊の著作を残している。一九一二年に刊行された『物質とエネルギー』である。これは専門書というよりも、物理化学への招待という感じの啓蒙書であるといってよい(*)。

＊　ソディは、『物質とエネルギー』のまえに『放射能』(一九〇四年)、『ラジウム論』(一九〇九年)を出版している。

ソディは物理学や化学の発展史にふれ、「エネルギー法則が確立されるまでは、物質のようなエネルギーは不滅であり、創造不可能であることが示されていた。エネルギーは基本的な物理的存在の一つであると見なすことが出来たのだ」と述べたうえで、エネルギー法則が物理学者たちに大きな影響を及ぼすようになったと指摘した。

ソディはエネルギー保存則を運動エネルギーとして論じつつ、一八世紀の化学理論＝フロギストン説(*)は破棄され、物質とエネルギーに関する法則はようやく科学的に解明されるようになったものの、「エネルギーはつねに物質であると混同されてきた」とした。

＊　フロギストン説——物質の燃焼は、燃焼の際にフロギストン(燃素)という元素が放出する現象であると解釈された学説である。提唱者はドイツの化学者ゲオルグ・シュタール(一六六〇〜一七三四)であり、一八世紀

の化学理論に大きな影響を与えた。しかしながら、その後の化学分析手法の発展などによって、金属燃焼の際の前後の物質重量の変化の矛盾からフロギストン説の説明性が減じていった。

また、ソディは原子と分子、元素、物質の運動法則と熱力学法則、運動エネルギーとポテンシャルエネルギーの相違点、電子とエックス線、慣性力、放射線と放射能、宇宙エネルギーを論じている。このうち、放射能物質について、ソディはラザフォードの研究にふれながら、この時期においては、その新しいエネルギーとしての可能性に楽観的な見方をもっていたとみてよい。

ソディは一九一四年に研究の実りが多かったグラスゴー大学から同じスコットランドのアバディーン大学へ化学教授として移ることになる。この年の七月に、オーストリアはサラエヴォ事件を契機にセルビアに宣戦布告したことで、欧州の複雑な同盟関係や協商関係の導火線に火を放つことになる。欧州全土を巻き込んだこの戦争は、一九一八年のドイツの敗戦によって終結することになる。第一次世界大戦は、科学技術の武器への応用戦争であり、ソディも化学教授としてそうした研究開発に協力することになる。

2

ソディがオックスフォード大学の化学教授（無機化学と物理化学担当）に転任した後の著作に、科学と戦争との関係に関して深い憂慮をもって取り上げているのは、この時期の彼自身の体験からであったといえよう。ソディは、オックスフォード大学に移った直後に、アバディーン大学の教授時代に同大学の学生向けにそれまでの講演録や文章などを収録した『科学と生命』を一九二〇年に刊行している。この著作の序文には、第一次大戦中の戦争に背中を押されたような科学の発達への疑問を持ち始めたソディの姿が垣間見られる。

ソディは科学者が自分たちの専門分野が人類の生命にどのような影響を及ぼすかに無関心になりつつあることに憂慮を示した序文で、「ストレスと変化の最近の日々のなかで、わたしの論稿などが近代的な不安の原因の底流にあるものを探る上で……役立つかもしれない。わたしは、元々物理学の研究者という立場から、無機世界についての知識とその制御をいかに根本的にそしてそれを超えて、生命のすべてのポテンシャルの発展の根底を基礎づけ、決定するものかを探ることを試みてきた」と前置きした上で、つぎのように述べている。

「(本書に収録されている論稿や講演録は――引用者注)旧態依然とした考え方の持ち主の手に委ねられている科学的諸国の運命の帰結として、何百万の若者たちが殺された時期に書かれたものであり、従来の思考習慣に偽りがあっても、なんらの敬意も払われていないのだ。もし、相手を説き伏せるようなプロパガンダや時間を費やして妥協するのではなく、人びとが何か言いたければ、時代は率直な物言いを要求しているようだ。」

この『科学と生命』には、第一次大戦終結時の一九一八年末に発表された著作のタイトルとなった「科学と生命」のほかに、「物理的力――人類の召使い、あるいは、支配者か――」(一九一五年の労働党アバディーン支部での講演録)、「化学と国家の繁栄」(一九一六年のアバディーン商業会議所年次総会での挨拶)、「科学と国家」(一九一六年の労働党アバディーン支部での講演録)、「科学の将来と何が障害となるのか」(一九一六年のアバディーン大学科学協会での会長講演)、「物質の進化」(一九一七年のアバディーン大学レビュー誌への投稿)、「放射性崩壊研究から導き出された化学元素」(一九一八年のロンドンでの化学学会講演、翌年の化学学会誌に発表）が収録されている。

ソディの当時の考え方がよく示されているのは、「科学と生命」であることはいうまでもない。ソディは冒頭に英国の首相であったアーサー・バルフォア（一八四八〜一九三〇、首相在任一九〇二〜五）の「科学は社会変化の偉大な道具であり、その目的は変化ではなく、知識であり、政治的・宗教的な争いのなかで、現代文明の発展を特徴づける革命のなかでももっとも重要なものなのだ」という文章を引用している。

ソディはこの論稿のなかで、科学の発展が、人びとの努力以上に富の獲得をもたらしているなかで、富をどのように分配するのかについて従来の蓄積されてきた知恵があまりにも無力であることを指摘している。科学の時代は、科学上の発見をどのように社会に応用するのかの時代でもある。それが、単なる物質主義（materialism）と慾得（greed）のためだけであって良いはずはない。ここでも、ソディは科学の発展とエネルギーとの関係に関心を示し、エネルギー保存則との関係でエネルギー利用が人類の歴史にも大きな影響を及ぼすことを見通している。ソディはつぎのように指摘する。

「人類史は、利用可能なエネルギー量を反映している。各人の利用可能なエネルギーとはその収入のことであり、その人に貧窮に満足することを教示できる哲学は、富の使用を教えることができる。現代の機械は一台でも何万人の労働者の作業を行ない、絶え間ない肉体労働の無感覚で精神的なつらさから解放する……」。

当時、ソディにはエネルギー、富、そしてその利用をめぐる哲学とは何かという問いがあったことに加え、科学の発展がもつ逆説的な影響、とりわけ、科学の暴走にも懸念を示していた。それゆえに、ソディは教育の重要性を強調したりしてもいる。

ソディは、エネルギーは動植物連鎖においていまでも地球においては太陽エネルギーに依存していることを強調する。石炭エネルギーに関しても、それはかつての太陽エネルギーの下での動植物連鎖の蓄積物以外の何ものでもなく、それは石油と同様に有限性の資源であると指摘する。他方、水力と化学エネルギーに関しては、後者に多くの頁を割いている。ソディはウランの発見によって、その放射線利用に関心が移ってきたことについて、そのもつエネルギーの測定などこれからの研究課題であることを示唆している。

ソディ自身はラジウムはエネルギー源としては、同量の石炭を完全燃焼させた場合の一五〇倍であるとみている。放射性物質のもつエネルギーは、科学変化というよりも、放射性物質の分裂や崩壊によってもたらされるものであり、質量単位あたりのエネルギーは途方もないものであることは、ソディには、当然ながら、認識があった。ソディは、「放射能の発見によって、ルビコン河は渡られた。物理学は新しい世界に踏み入れた」と指摘する。ソディは放射性元素の存在は、化学では神秘的な存在でもなんでもなく、石炭燃焼に比べて、そのもつエネルギー的潜在力の大きいことにも言及している。

ソディは放射線元素の解説を行いつつ、この論稿の二年ほどあとに刊行した『デカルト主義経済学』での貨幣や富、そしてエネルギーに関する基本的な考え方をこの時点で示している。この意味では、ソディの考え方はアバディーン大学時代に形成され、オックスフォード大学に移ってからより鮮明なかたちをとることになったことがわかる。ソディがよく使う鍵用語である資本、コミュニティ、富、貨幣、エネルギーなどもすでに登場する。

ソディは、一九一五年の労働党のアバディーン支部で「物理力」という演題での講演でも、富とは貨幣ではなく、エネルギーと人の労働によって創りだされるものであることを強調している。この時点でも、ソディは単なる化学者ではなく、社会や経済、政治にも大きな関心をもつ科学者であったことがわかる。

エントロピー法則

1　ルーマニア生まれの元々は数理統計学の研究者であったニコラス・ジョージェスク＝レーゲンは、ソディと同様に科学＝数学から経済学へと転じた学者である。ジョージェスク＝レーゲンは、『エントロピー法則と経済過程』という大著で、一九世紀はじめ、科学に革命的な変化が起きたことにより、科学者たちがそれまでの天体問題ばかり向けていた関心を地上へと移したことにより、熱力学が登場してきたとした上で、熱力学とは経済価値についての物理学なのであると指摘する。慧眼である。レーゲンは経済学と熱力学との関係について、つぎのように説く。

「われわれの見失いがちなことがあるが、経済活動の第一の目的は、人間という種の自己保存にある。……われわれは経済生活のもっとも基礎的な事実、すなわち、すべての生活必要品のうちで純粋に生物的な必要品のみが、生存のために絶対に不可欠なのだという事実を忘れてしまっている。……生物が低エントロピーを食べて生きるがゆえに、低エントロピーと経済価値の関連を示す第一番に重要なことがらに、われわれは思い到るのである。というのは、人類が非生物的な必要をほとんど満たすことができなかった時代には存在した、経済価値の一つの基礎が、その後の時代になってどうして見失われてしまったのか、私には分からないのである。

ちょっと考えてみれば、もう十分明らかになることであるが、われわれの経済生活の全体は、低エントロピーを取入れることによって成立っている。すなわち、布、木材、陶磁器、銅などであり……こうして低エントロピーは、ものが有用であるための必要条件である。」（高橋正立・神里公訳）。

数学者からスタートしたレーゲンであるが、彼は他の多くの経済学者のように数式による数理分析――「経済過程の物的側面を、閉じた系によって、言いかえれば、環境からの低エントロピーのたえざる流入を完全に無視した数学モデル」――ではなく、「物理学のすべての法則のうちでももっとも経済学的なこの法則（熱力学法則――引用者注）に十二分に注意を払っている。レーゲンはつぎのように指摘する。

「結論はこうである。純粋に物理学的な視点からみて、経済過程はエントロピー的なものである。すなわち、その過程は物質やエネルギーを消費することも創り出すこともなく、ただ低エントロピーを高エントロピーに返還するだけである。」

たしかに、経済活動によって低エントロピー――ソディの用語では有用エネルギー――のものからとりだされて残される高エントロピーの物質、とりわけ、それ以上分解することのできない廃棄物の問題は、原子力発電のあとの放射性廃棄物が典型であるが、わたしたちの社会の大きな問題を形成している。レーゲンの先駆者としてのソディはまとまったかたちでなくとも、彼の著作の随所でこの問題を示唆している。

2　ソディ自身は、放射性物質などの研究を通じて物理学と化学の融合領域が拡大した時期に化学者として生きた人物である。物理学と化学との関係については、レーゲンはきわめて示唆に富む指摘を行っている。

「現代の科学哲学は、通常、生命のない物質の研究が物理学と化学に分かれていることに、十分な注意を払わない。……化学はずっと以前から、たとえば、光学とか力学とかのように、物理学の普通の一分野になっていただろう。……近年、物理学と化学を結びつける中間の領域として、物理化学がつくられたが、このことは、完全な結合が、何か深く内在する理由によって妨げられていることを、はっきりと示している。この理由というのは、化学には、秩序を与えてくれる理論の法典がない、ということである。」これは化学反応を通じて異なる化学物質が新しいものへと転化されることは、一体何を意味するのか。そこには化学反応のメカニズムがあるが、それが物理学でいう法則、たとえば、ニュートン力学的な法則と同様のものであるのかどうかを、レーゲンは問題視している。一週間ごとに何千もの新しい化学物質が合成されている現在においても、化学元素の分子レベルまで掘り下げて、化学元素相互の関係性の厳密で一般的な化学法則が発見されてきたのだろうか。わたしのように大学時代に化学を専攻した者でさえ、深くは考えたことのない問題提起である。レーゲンはつぎのように指摘する。

「化学は、有限な数の化学元素が結合して、数知れない別の化学物質になる、ということに関心があるのではない。……ある化学物質の性質を、その化学式から予想するための、今日使われているルールは、断片的なものである。……ほとんどすべての新しい化合物は、なんらかの点で新奇なものである。化学が、より多くの化合物を合成すればするほど、化学構造と質的特性の関係に規則性がないことに困惑させられるのだが、その理由はその新奇性から来ている。」

なぜ、ソディが化学→物理学→熱力学法則→経済学へと進んでいくことになるのか。この背景のヒントは、レーゲンの指摘の一端にあるのかもしれない。レーゲン自身のそうした発想の原点にも、ホモエコノミクスという「経済的」合理性思考をもった存在ではなく、人間もまた生命体の一つであって、そうした生命体は、それをとりまく自然の体系を形成する法則性から独立しえない存在であることへの深い認識があった。

必然、人間の経済活動はエネルギーに依存しており、そのエネルギーは地球上の諸資源の有限の法則性から独立して持続しない。生産と消費の関係だけを重視する工業化の経済学は、地球の植物や生物の連鎖から派生してきた代謝的メカニズムに遅かれ早かれ直面せざるをえず、そこから経済学の再構築が必要となる。レーゲン自身は、自著でソディにふれていないが、まさにこの視点はソディのそれと重なる。

ソディの時代は、のちに原子力工学を形成することになる放射性物質や放射線などの基礎的概念が、ソディやラザフォードなどによって徐々に形成された時代でもあった。同時に、ソディなど化学者は、分子、さらに原子レベルの分析へと化学の領域を拡大させることで、物理化学的な視点からみた化学反応メカニズムを通して、地球を含む宇宙的秩序とエネルギーとの関係を捉え直す時期でもあった。

3

エントロピー概念も、単に石炭による熱機関の効率的利用という工学的要請だけではなく、宇宙的物質観＝秩序と混沌（カオス）の関係としての不可逆的な法則性をもつエントロピー観へと進化していくことになる。レーゲンの時代は、工業化による環境汚染が多くの人の目に明らかになる時代であり、ソディの時代よりも一層明確に環境汚染の原因とメカニズムへと、関心が向かい始めた。

むろん、環境汚染は、市場経済制度の下での「市場の失敗」論とか、いわゆる「外部経済化」の概念からとらえられたりしたものの、レーゲンたちは生物体を含む自然体系の法則性＝エントロピー法則から、経済過程と環境汚染との関係をより本質的にとらえようとしたのである。それは自然法則としての物理法則からいえば、それまでのニュートン力学に呼応したような機械論的な新古典派の経済学体系に対して、熱力学の根底にあるエントロピー法則から経済学を再構成させる試みでもあった。

レーゲンの『エントロピー法則と経済過程』はお世辞にも体系的で分かりやすい内容ではないが、そこには多くの本質的な問題提起がある。分かりやすい内容ではないという意味は、たとえば、レーゲンのつぎの指摘にも見出せる。レーゲンは「人によっては、……秘儀的なものに思えるかもしれない。たしかに、かつてはそうであったが、今ではあちこちの分野でだんだん馴染みになってきつつある」エントロピー法則についてつぎのように指摘する。

「〈エントロピー法則〉が人間の経済行為に与える影響を研究したとしても、問題を異常に複雑にすることにはなるまい。だが、この問題に取り組み始めると、たちまち多様な進路が見えてくる。加えて、これらの進路は、経済学の境界を越え出ているばかりでなく、社会科学の境界をも越えて伸びている。」

エントロピー法則を人間のさまざまな経済行為に適用してみると、問題は複雑になるのではなく、むしろ単純化されるが、それがもつ今後の方向性は、直近未来の経済成長率の行方ではなく、時間そのもののとらえ方とわたしたちの経済社会のあるべき多様性を示すものとなる。

定常経済と信用論

1　ソディの経済学に対する根本疑問は、科学が工業生産力を高め富が生み出されているにもかかわらず、なぜ、貧困問題とその根本にある雇用問題が解決されないのかにあった。ただし、ソディは、貧困の問題→生産の拡大→消費の拡大→経済成長による解決という直線的な考え方をしていたわけではない。科学者としてのソディには、地球資源の有限性への認識もあったし、また、彼が固執した熱力学の保存法則では、無限の経済成長観への深い憂慮と懐疑があった。

また、ソディはエネルギー源のあり方とエネルギー多消費社会の行方にも疑問をもっていたともいえるだろう。ソディのこうした考え方を評価し、定常経済論を展開してきたハーマン・デイリーは、一定の人口規模と一定の生産資本をもつ経済＝定常経済の成立条件に大きな関心を寄せてきた。分かりづらいエントロピー法則の代わりに、地球資源を取り出し、その利用後に生じる廃棄物＝汚染物を地球に排出する過程を「スループット」という概念でとらえる。

デイリーの定常経済論でもっとも重視されるのは、このスループットをいかにして低水準に抑えることができるかどうかの点である。地球資源には再生可能なもの、再生が困難な、あるいは不可能なものがあることに加え、低エントロピーの資源であってもその利用によって高エントロピーの物資などに転化されるものの処理の課題もある。

ソディの時代にあっては、石炭経済による経済成長を、やがて有限資源である石炭の枯渇によって持続的な成長が困難であることも、著作のなかでは示唆している。その後、各国経済は石炭に加え、石油というもうひとつの化石燃料の利用、さらには、ソディはすでにその潜在エネルギーの巨大さに着目していた原子力エネルギーの時代へと移っていくことになる。ことは、デイリーのいうスループット論からすれば、決して低水準に抑えられたわけではなく、また、高エントロピー物資が大量に残される原子力発電の問題も、今現在、わたしたちの取り組まざるを得ない課題となっている。

デイリーも着目し、ソディもすでに強調していていたことだが、低エントロピーとされる化石燃料など元をたどれば、太陽エネルギーによって生まれた植物などによって形成されたものであり、そうした生態系からの低エントロピー物質の取り出しによってバランスがとられているが、やがてそれが一定水準を超えることによって、わたしたちの経済活動も制限をうけるのは自明であろう。

2

ソディが生まれた二年後の人物に、クリフォード・ヒュー・ダグラス（一八七九～一九五二）がいる。ダグラスはのちにソディと同様にオックスフォード大学で学ぶことになるが、若くして工場で働いた現場からのたたき上げ技術者であった。ダグラスが現在にまで知られているのは、フィンランドなどで社会実験として実施されるようになったベーシック・インカムの提唱者としてであって、その根本にあった貨幣改革論としての「社会信用論」はどこかへ忘れ去られた感がある。

ダグラスが生きた時代は、ソディもまた生きた時代であった。世代論からすれば、彼らは共に、第一次世界大戦の悲惨さや一九三〇年代の大恐慌を経験して、失業や貧困の問題に大きな関心を寄せた世代であることだ。ダグラスの社会信用論とそのきっかけについて、社会学者の関曠野は「ベーシック・インカムをめぐる本当に困難なこと」でつぎのように紹介している（『現代思想』第三八巻第八号、二〇一〇年六月）。

「ダグラスがケンブリッジ大学で数学の学位を取得した後、優秀なエンジニアとして数々の大型プロジェクトに関わったが、第一次大戦中の空軍の少佐として王立飛行機工場の会計監査を命じられた。そこで彼は、近代工業経済においては勤労者の賃金給与は企業会計のわずかな一部をなすにすぎず企業が生産する商品の総体を決して買い取ることができないことを発見したのである。ゆえにこの経済においては企業は生産過剰、勤労者は所得不足に苦しむことになる。社会信用論は彼がこの単純な発見がもつ意味を問いつめたことから生まれた。それは資本主義による抑圧や搾取の告発といったものではなく、エンジニアらしい近代工業経済の構造的発見の分析である。」

興味あるのは、たとえば、数学者、哲学者で、「集合論のパラドックス」で現在の記号論理学の基礎を築き、のちに核兵器反対運動でも世界に広く知られることになるバートランド・ラッセル（一八七二～一九七〇）も、一九三〇年代にすでに、工業技術の発達によって生産力が大幅に拡大した経済の下では、人びとの労働時間を八時間からその半分程度の四時間程度に削減しないと、たちまち過剰生産となり、商品のはけ口たる市場をめぐる戦争に発展することに警鐘を鳴らしている。

ラッセル、ダグラスそしてソディも一八七〇年代生まれ世代であり、ケンブリッジ大学に学び、そして、数学や化学など自然科学系の学問を専攻していた。ちなみに、後に『雇用・利子および貨幣の一般理論』（一九三六年刊行）を著すことになるジョン・メイナード・ケインズ（一八八三～一九四六）は、ダグラスやラッセルたち世代よりは遅く生まれた一八八〇年代世代ということであるが、同じケンブリッジ大学で数学を専攻したという点では、共通点がある。

さて、ダグラスの社会信用論は貨幣改革論でもあることにふれた。ダグラスもまたソディと同様に、政府貨幣ではなく、預金をベースに信用を創造する銀行の改革論者であった。ソディと大きく異なるのは、ソディも所得の再分配問題には言及しているが、ダグラスはますます機械化される生産と消費の恒常的な不均衡をもたらす経済体制に対して、その是正をはかる手段として国民配当＝ベーシック・インカム（ＢＩ）の給付を想定していたといってよい。機械化はそれまでのマニュファクチャーとは異なり、多額の設備資金を必要とし、企業家は銀行からの借り入れに大きく依存することになる。

必然、商品価格には単なる生産費だけではなく、銀行の創造した信用への利子部分も含むことになり、労働者の購買できる価格帯を引き上げていることになる。ダグラスもまたソディと同様に、そうした銀行が生み出す信用貨幣を富ではなく、企業も家計も、そして国家も最終的に支払うことのできない負債とみた。ダグラスの提案は英国政府などには受け入れられることなく、彼の社会信用論はやがて忘れ去られていった。この点について、関は、ダグラスの社会信用論は具体的な国家論や政治論へと昇華することのなかったことがその要因であるとみたうえで、ダグラスの考え方をいまでいうベーシック・インカム思想の先駆者と単純にとらえることに慎重な見方を示す。

関は、社会信用論の現代的意義をリーマンショックの残した教訓の下で探りながら、「日本でも最近はBI論議が熱気を帯びてきた。しかし租税国家の危機が進行する中で所得税や消費税を財源にBIを実施するという議論は実現性がない……要するに負債は負債なのである。そして（失業と貧困をもたらす――引用者注）恐慌の根本原因についてダグラスの明快な分析を超えるものが存在したであろうか。経済学者たちは彼を黙殺しただけで彼に反論したことはない（ちなみにケインズはダグラスからかなり剽窃していると私は見ている）。してみれば少なくとも社会信用論に近似した要素をもつ政策によってしか恐慌は打開されない筈である」と前置きした上で、つぎのように、原油、経済成長そして「銀行マネー」のあり方に言及する。

「今後は原油の産出量が減少していくのだからどの国でも高い経済成長などはありえず、利子つき負債という性格からして成長を前提とせずには存続できない銀行マネーは物理的にも破綻していると言わねばならない。……だからすでに破綻した銀行マネーを廃絶し信用を社会化する必要がある。（中略）……しかし我々がさしあたり信用が社会化された社会の構図を描けないとしても、おそらく歴史が試行錯誤で実現することを我々に強いるだろう。……そして三〇年代大恐慌と現在の危機が違うのは、国家の返済不可能な巨大な負債という形で銀行マネーの破産が政治化されていることである。自由民主主義国家を抵当に入れてしまったのは銀行にとっても致命的な過誤だった。その結果銀行マネーの破産は租税国家を道連れにし、その解体を促進している。……銀行と国家の二重の危機に直面した人々は、新しい通貨秩序を生みだすような社会契約を模索するだろう。そして銀行マネーにとって代わるこの秩序は信用の社会化とＢＩという社会信用論の要素を必然的に含んでいることだろう。」

社会信用論と銀行論との関係は、ダグラスにおいてどのような具体的な政策につながるのか。したがって、その実施主体である政府のあり方はどうあるべきなのか。それはソディの貨幣論での銀行規制論にも共通して、具体性に欠ける。どのような基準でもって、銀行準備率を決定し規制するのか、また、銀行の利息の上限を決定し規制するのか。とはいえ、こうした見方そのものがダグラスのみならず、ソディにも共通するのは共通の時代的背景とその認識に基づくことは確かであったろう。

第五章　ソディ経済学の現代性

貨幣は、賠償や儀礼的罰金のような一定の状況で発生した支払いに用いられた。人類学者と古代史家が最近になって示していることは、交易と貨幣はしばしば諸社会の特徴をなすが、市場はそれほどでもないことである。

カール・ポランニー『経済と文明』（栗本信一郎・端信行訳）

ソディ経済学

1　経済学用語やその背後にある概念に親しんだ者にとり、ソディ経済学は難解である。ソディの根本的な視点は、わたしたちが地球で生命維持のために行う経済活動は、まずは経済法則よりも物理法則——自然法則——にしたがって行われていることへの確認である。それはソディの『富、仮想的な富と負債——経済学の逆説の解決策——』でも繰り返し論じられてきた。真の富とは、フローなのであって、本来はストック——蓄積——されず、自然法則、とりわけ、熱力学法則にしたがって存在する。他方、負債＝仮想的な富は、単に数学的法則にしたがっているにすぎない。前者は有限であり、後者は無限となる。ソディの経済学批判は、経済学者がこの点を混同して、自分たちの経済学を展開した点に向けられたものであった。ソディは、ケインズ経済学――『平和の経済的帰結』や『貨幣改革論』――にもきわめて批判的であるのは、そのためでもあった。

ソディの基本的な経済学概念を再確認しておこう。ソディにとり、富とは貨幣でその価値を測られるものではない。また、貨幣とは富の交換のための媒介ではなく、その本質は富に対する請求権である。また、経済学者が富といっているものは、実際には虚富――仮想的な富――である。その実体は負債である。環境経済学者の藤堂史明は、この視点から、ソディ経済学をつぎのように位置付ける（「フレデリック・ソディ『富、仮想的な富そして負債――経済学の逆説への解決策』四・五章」『新潟大学経済論集』第八六号、二〇〇九年）。

「ソディは熱力学法則に基づく絶対的富の立場から、形式論のみならず実態的価値としても貨幣・負債の無根拠性を主張する。……ソディは一貫して、仮想的な富、すなわち負債が、物理的価値を供給する自然の循環に参画し、これを加工・利用して生活に必要な財貨・サービスを生産する人々の暮らしを圧迫し、生産に従事しない人々・階級が、錯覚に基づく永続的果実を享受するシステムを作り上げていることを激しく非難し、物理科学者としての責任から、これを改革する必要を主張している。このような社会的正義感も彼の議論に見られる特徴と言えよう。」

では、物理科学者としての責任とは何であろうか。すくなくとも、ソディが生まれ育った英国を中心とする社会の変化は、それまでとは比べ物にならないほどに大きなものであったことは確かである。とりわけ、科学の発展を多くの人たちに顕著に知らしめたのは技術革新、とりわけ、さまざまな機械の発明と動力革命であった。技術史的に振り返っても、一八世紀後半には紡績機には水力が働いたが、やがてその動力は、石炭の熱量による火力に置き換わった。石炭需要の高まりは、火力による鉱山用ポンプなどの利用を促した。このポンプは、トーマス・ニューコメン（一六六四～一七二九）によって発明された。このあと、ジェームズ・ワット（一七三六～一八一九）の改良によって、ポンプの熱効率が高められた。機械製作に必要な鉄の製造も改良が重ねられた。蒸気機関車も、また大きな発展を遂げた。ソディが、著作でそれまでの人力から機械の応用によって生産力が大きく拡大したことを、科学の成果として紹介しているのは生産機械、通信、輸送手段の発展の結果による。

このようにして、英国経済の成長期は、ビクトリア女王（一八一九～一九〇一、在位は一八三七～一九〇一）の時代であった。ソディは、そのようなビクトリア期に、青春時代を送った。ビクトリア女王の在職期間中、英国経済の規模は四倍ほどに大きくなっている。英国の通貨ポンドは、英国の経済力を背景に、実質上の世界基準通貨として君臨した。ソディがふれることの多かった第一次世界大戦は、こうした技術と生産が結合したことによって、大量破壊兵器が生み出され、各国間の物量戦といってよい総力戦となっていた。ソディは、原子力もまたやがていままで以上の大量破壊兵器となる可能性を示唆している。ソディは、一連の著作を通じて富に関する従来の経済学――彼の表現では「正統派経済学」――を批判し、その誤りの根源が貨幣論にあることを強く主張した。ソディは、貨幣への誤った認識とその社会的定着こそが、真の富と虚の富――仮想的富――の乖離をもたらしたことを問題視したのである。

2　化学者ソディの経済学批判としての貨幣論、あるいは、富・虚富論には、彼自身も随所で示唆しているようにラスキンの経済学批判が色濃く反映されている。たとえば、貨幣について、ラスキンは、貨幣が諸財の購入のための交換媒体であるだけでなく、移転が可能な負債でもあると論じた。ラスキンにとって、負債とは、事業家の生産拡大のための投資ではなく、本来は雇用の創出や消費の活性化に役立てるものであるととらえていた。また、貨幣は、共同体におけるさまざまな経済関係を動かす血液のような存在であるとして、金に価値づけされるようなシステムにも疑問を持っていた。

富についても、ラスキンは、市場、需（消費）・給（生産）、労働、価格についても、それらが単なる無人的——物性的——な関係ではなく、血の通った人間の精神や人と人との関係面からとらえようとした。つまり、「生なくして富は存在しない」というのがラスキンの考え方である。この見方は、経済主体間の機能的な関係のみに着目する現在の市場原理志向の経済学とは、きわめて相性の悪いものであるといえる。哲学研究者の伊藤邦武は、『経済学の哲学——一九世紀経済思想とラスキン——』で、ラスキンの経済学——ポリティカル・エコノミー観、とりわけ、「名誉ある富」に関しては古代ギリシア以来の共同体的経済思想に影響を受けているとして、つぎのように指摘する。

「ラスキンは、価値一般、あるいは商品の『交換価値』の正しい理解が、クセノフォンのこの基準から導かれると主張する。つまり、国家にかんしても、富とは物の価値（value）とそれを所有する者の勇気（valor）の両面から評価されなければならないということである。ここでいう勇気とは、慣習的な常識のもとで利己的利益を追求するのではなく、知的な能力を大胆に発揮し、共同体のメンバーのために挺身する気概や胆力をもつことである。」

ソディが富や仮想的な富を論じるときに、共同体の利益と利己的な利益の区分を常に意識しているのも、こうしたラスキンの影響である。ソディが経済学を論じるときに、科学的で厳密な法則性を追い求める一方で、人間の精神や倫理観について論究するのもまたラスキンの影響でもある。

社会哲学者の今村仁司は、ソディと同様に貨幣の本質とは何かを問う。今村は、『貨幣とは何だろうか』で、人間だけに特有な貨幣について「これまでの貨幣論は、ほぼ例外なく経済的貨幣論であった」ことに異議を唱える。今村は、貨幣を論ずることは「人間存在の根本的」な問いかけであり、経済学者のように、貨幣の機能的側面だけを取り上げることを批判し、社会哲学的な接近方法が必要であるとする。今村自身は、「現代のほとんどの思想家たちを含めて、貨幣を嫌悪し批判することはできても、それを弁護する勇気をもった」ドイツの社会学者ゲオルグ・ジンメル（一八五八〜一九一八）の「貨幣論」を高く評価する。ジンメルの『貨幣の哲学』が出版されたのは、一九〇〇年である。ソディがこの著作を読んだのかどうかはわからない。今村は、貨幣の経済思想史について、つぎのように指摘する。

「十八世紀の半ばにアダム・スミスが登場してから今日まで、経済学の世界でも、貨幣は学問の対象になったが、けっして歓迎されるものではなかった。できればないほうがいいという受け止め方が有力であった。……貨幣道具説や貨幣ヴェール説は、実用合理性の見かけのもとで、『貨幣なしで済ましたい』という密かな思想の別の表現でもある。それはスミスやルソーだけに固有のことではない。十九世紀のミルやワルラス、二十世紀のケインズのなかにも『貨幣なき経済』はひとつの理想として密かにながれている。……彼ら（資本主義批判の社会主義思想の学派――引用者注）も貨幣なき共同体を理想とする。

簡単にいえば、エコノミストは『実物経済』を理想的理念にするが、社会主義あるいは革命派は貨幣廃棄論を主張する。どちらも貨幣への恐怖ないし嫌悪では共通の基盤になっている。……・学問のなかで貨幣排斥論が主張されているかぎりは、社会生活には無害であるが、貨幣廃棄論が『合理的計画』の名のもとで実験され実行に移されると、膨大な数の人間たちを悲劇のなかに突き落とす。」

アダム・スミス以来の労働価値説を基盤とする古典派経済学では、貨幣は実態としての労働の対価であった。また、古来の金貨や銀貨のイメージが、貨幣に投影されたことで、貨幣は、金属という物質的なものとして脳裏に記憶されてきた。だが、いまでは、貨幣は紙幣からさらに電子マネーへとその形を多様化させ、ある種の仮想的な交換手段となって存続している。そうしたなかで、今村がジンメルの貨幣論を評価するのは、「貨幣が素材的側面ではなくて、形式の側面において、芸術や法や論理よりもずっと媒介形式の本質を体現していると見たからである。……もっとも彼の関心をあからさまにいえば、文化のあらゆる形式は貨幣形式によって形を与えられ方向づけられるということである。……こういってよければ、媒介形式決定論であり、その形式の最大のものが貨幣形式だというにつきる」と評価するのであり、ジンメル貨幣論の重要性をつぎのように位置づける。

「個人の自由、理性の客観化能力、分業の拡大、世界的規模での関係の網の目の創造、それらは近代貨幣の交換関係の媒介者としての力に依存している。……それを資本主義経済のおかげでそうなったという物語に矮小化してはならない。むしろ近代資本主義のこうした拡大の力の源泉を、彼が貨幣の媒介形式（単なる商業取引の手段としての貨幣ではない）のなかに根拠づけていることを看過することはできない。明らかに、彼は貨幣像を一変させたのである。」

ジンメルのいう「貨幣の文化形成の力」とは、商品交換などの経済関係だけではなく、貨幣に関わる社会関係にも及ぶ。この点について、ジンメルは、『貨幣の哲学』刊行の二年前の論文「近代文化における貨幣」で、貨幣についてつぎのように記している。

「貨幣のような現象は、どんなに純粋にそれ自身の内的法則に服従しているように見えても、もっとも周縁的なものをも含めて同時代の文化運動の総体を規定するリズムにしたがっているということだ。文化過程の総体を経済的諸関係に従属させる史的唯物論とは異なり、貨幣の観察は次のことを私たちに教えてくれる。すなわち経済生活の形成自体もまた、歴史的生の統一的潮流からその性格を受け取っているということを。

その潮流の最後の力と動機は、もちろん神のみぞ知る秘密だ。しかし、経済と文化のあいだに見られる形式同一性と深い相互関連は、貨幣もまた私たちの文化にあらゆる華を咲かせている根と同じ根から生じたひとつの技であること暴露している。……なぜなら、認識がその根っこに近づけば近づくほど、それだけ貨幣経済と影の部分との関係だけではなく、貨幣経済と私たちの文化のもっとも繊細で高次元のものとの関係もまたいっそうはっきりと浮かび上がらざるをえないからだ。」（北川東子・鈴木直訳）。

ジンメルは、貨幣とは単なる経済上の交換手段であって、その蓄積が拝金主義的弊害をもたらすことに十分注意を払っている。たとえば、「貨幣に換算した価値がついには唯一の有効な価値と思われてくる。事物にそなわった特殊な、経済的には表現不可能な意味に、人々は目を向けることなく、そのかたわらをいよいよ足ばやに通りすぎていく」と指摘する。その一方で、「物のもつもっとも固有な価値は、あらゆる異質なものが等しく換金可能である」とみる、つまり、「富裕層の『尊大さ』は、この事実の心理学的反映にすぎない」面である。

他方、ジンメルは、貨幣のもつ「非人格性と無色透明性」という特有の性質を取り上げ、それが「自由と開放」の社会的影響＝文化をもつことを評価しようとした。ジンメルは、「他者への外的な関係が同時に人格的な性格を帯びていた時代とは異なり、貨幣は、人間の客観的な経済行為とその個人的な色彩とをより純粋な形で分離することを可能にした」と指摘する。つまり、貨幣の流通は、一方で、社会の「平均化・均一化」をもたらし、他方で、「個の独立性・個我形成の自立」をもたらしたとみたのだ。ジンメルの表現では、「貨幣経済は、一方では、あらゆるところで同一の作用を及ぼすきわめて普遍的な利害と結合手段と了解手段を提供したが、他方ではおのおのの人格に、より大きな外界からの距離と個人志向と、自由を与えた」とした。

3

ソディの最初の経済学の著作といえる『デカルト主義経済学』からその後の著作まで、ソディがこだわったのは貨幣や通貨であり、さらには通貨・金融制度であった。ソディが『貨幣の役割』でも随所でこだわったのは、「貨幣とは何か」であった。貨幣とは実際の財やサービスの購入価値であり、それこそが実在する「真の富」であり、これを超えるものを「虚富――仮想的な富――」であると主張したのである。ソディにとって真の富とは、つねに「質量保存法則」に基づいたフロー概念であり、ソディは、科学者らしく富の生産は科学的知識によって制約を受けることを強調した。他方、ストックとしての資本は資産であり、これを継続的に使えるかどうかをソディは重視した。

ソディが虚富の成立の背後に見出したのは、何ら価値の実態をもたない不換紙幣としての貨幣の存在であり、銀行が無から有を生み出すようなその信用創造の機能への根本的な疑問――というよりも不信――であった。この仕組みは、銀行にお金を預ける預金者が一斉に預金を引き出さないという前提で、預金に対する低い支払準備金（率）でもって、融資＝信用＝貨幣を創造できる魔術であった。貨幣は個人によってだけではなく、社会――ソディの好む表現ではコミュニティ（共同体）――で保有されるべき負債なのである。この場合、貨幣とは負債――国民的負債――である。

つまり、諸個人は、いま消費のために放棄した購買力を、将来においてその購買力を行使できる権利と引き換えに他者に消費＝購買させたり、投資させたりさせている。ただし、それが無料ではなく、金利というインセンティブで、人びとは現在の消費を将来の消費と取り換えている。ソディが問題視するのは利子つき貨幣であり、それは虚富――仮想的な富――として複利計算の法則で増え続ける一方で、生産が生み出す真の富は、科学的法則――熱力学法則――で無制限に拡大することはできない。ソディは、両者の不均衡な関係に、社会のさまざまな問題と課題の原因を見出すのである。ソディは、貨幣制度の変革について、つぎの三つの政策変更を提案する。

（一）金融機関の支払準備率の一〇〇パーセントへの引き上げ
（二）貨幣と物価指数との関係の重視（物価の安定政策）
（三）国際的な自由変動為替制度の採用

このうち（二）については、ソディはそれまでの金＝貨幣尺度という金本位制を廃止して、生活必需品などを考慮した労働者の家計＝物価を指標とする基準通貨本位制を、新たな貨幣制度として確立することを主張した。必然、貨幣の発行は、国民が消費のための購買力をつねに維持するためであって、その調整は課税か国債発行で行われるべきとした。そうしたソディ貨幣論、あるいは、通貨論の根底には、経済学者というよりも、やはり科学者からの発想がある。利息という貨幣に付随する人工システムの「虚」は、決して自然の物理法則＝真に抗して無制限に機能しないというのが、ソディの経済観あるいは経済学観である。ソディには、経済問題のすべては自然の物理法則に戻ることで解決されるという信念があった。

ソディの「真」と「虚」に対する考え方は、人びとの生命維持に必要な食糧やエネルギーこそが真実の富であって、貨幣が真の富に対応せずに、それを超えた信用は、仮想的（バーチャル）な富であった。ソディは、真の富とは、ストックできないフローであるとみた。真の富——実際（リアル）の富——とは、太陽エネルギー、それによって育てられる農林水産物、水力、風力、地熱など自然エネルギー全般などフローの資源の利用によって得られるものにほかならない。他方、石炭など化石燃料は、ストック型の資源である。これを利用してエネルギーなどが取り出されるが、そこには自ら有限的制約性がある。なお、耐久消費財は永続的ではなく、保守・補修、必要に応じて修理・修繕がなければ機能できない性質の財である。

虚富——仮想的な富——とは、ソディによれば、人びとの生命を維持する直接的な財やサービスではないが、それらの購入＝消費のための請求権にすぎない。そして、ソディはインフレを、すでに紹介したように、真と虚の富の乖離が甚だしいときに起こる現象とみた。ソディが物価水準の安定に結びつけて、貨幣（＝通貨）の価値の安定の必要性を強調するのはそのためであった。必然、ソディは、通貨の自動調整装置としての金本位制の停止を主張する一方で、貨幣の減価を防ぐために、政府の主導的な物価政策の導入をつよく求めたのである。また、貨幣の野放図な拡大政策についても、インフレ原因として批判的であった。

4　ノーベル化学賞受賞者としてのソディは、その後のハーマン・デイリーなど環境経済学者からの再評価が行われたことで、ソディ経済学は、環境経済学の流れのなかで位置づけられてきた観がある。だが、ソディの経済学の根本は環境論ではなく、あくまでも貨幣論である。あるいは、貨幣を中心としてとらえた富論である。ソディが繰り返し批判したのは、物理的法則に従わざるを得ない真の富――実在的な富――と、貨幣の数学的＝人工的な増殖に依存する虚の富――仮想的な富――との甚だしい乖離の存在であった。

英国を中心とする世界経済秩序を前提として、自国での失業問題や貧困問題をどう解決できるのか。ケインズと同じ時代に生きたソディの経済学への関心と取り組みは、このような問題意識の下にあった。ただし、ケインズと異なるところは、ソディの科学者としての側面である。ソディは、当時の発展が著しい科学技術が戦争に使われ、経済問題の解決に振り向けられないことへ苛立っていた。

先にソディ貨幣論を紹介したが、それは単に貨幣機能論ではない。ソディの貨幣論は、銀行や政府の役割を再規定しようという政治経済学でもある。ソディは、貨幣の本来の機能は、異なる財やサービスの交換媒体であるにもかかわらず、貨幣が利子つき負債となり、銀行などの金融機関が手形発行から、やがて信用創造＝貸出というかたちの貨幣創造によって仮想的な富が生み出されるメカニズムを明らかにしようとした。ソディは、貨幣の発行や利子の規制――実際には禁止――などを、国家の管理下に置くことを主張した。国家は、貨幣の価値については金ではなく、人びとの生活に必要な生活水準にリンクさせることを提案している。ソディは、政府に対して物価指数の作成と発表をつうじて貨幣発行を行うことを求めた。重要なのは、貨幣のもつ購買力を一定に維持することであり、物価水準に応じて貨幣の発行量を変える必要性を示唆した。ソディは、貨幣の発行量を、課税や政府借入＝国債発行に連動させることを主張した。

ソディの虚富論によく登場するのは、「貨幣」、「税金」、「国債」、「貧困」、「失業」、「個々人と政府との関係」である。ソディは、この関係性について、銀行のみを仮想的な富によって利することに反対の立場を堅持する。また、国家は政府支出の確保のためには、課税よりもむしろ無利子国債の発行を優先すべきと主張する。ソディが著作等でくりかえし取り上げたそうしたテーマは、既述のように、ソディ自身が生きた時代の背景に大きな関係をもつ。ロンドンが世界の金融市場で中心を占めるようになった時代に、ソディは生きた。ロンドン市場は、証券発行についてみても、国内分よりも海外分――米国鉄道債や外国政府債など――が圧倒的な比率を占めた。ロンドンに支店をおく外国金融機関の数も多かった。ロンドン市場での金利動向が世界から資金を引き寄せた。

だが、第一次世界大戦の勃発は、そうした国際金融の構図を大きく変えた。欧州大陸が戦場となった戦争はそれまでとは異なり多額の戦費調達を必要とさせた。米国などからの大量物資の輸入なくして戦争継続が困難となり、物資と資金の流れは、米国を中心とするものとなり、世界経済は大きく変容していった。英国は、戦争継続のために銀行券を金準備の裏付けがないままに無制限に発行したことで、それまでの金本位制は事実上停止することになった。

この後の展開については、ソディが『貨幣論』でもふれたとおりである。カンリフ委員会（「戦後通貨・外国為替委員会」）で、戦争終結後の金本位制への早期復帰が提案されるが、すぐには対応できず一九二五年になってようやく「金本位法」が成立した。その結果、国内での金貨流通は廃止され、金は対外支払に限定された。戦後金本位制の下での英国工業製品の輸出は、国際競争力の低下もあり伸びず、英国経済は停滞から脱することがなかなかできなかった。そうしたなかで、炭鉱のゼネストもあり、石炭産業などを中心に失業者数が一〇〇万人を超えた。ソディがこの時期の著作で失業問題に言及したのは当然であった。

英国は、国際収支面では経常収支の悪化と対外短期債務の増大という問題を抱え込んだ。金本位制復帰からしばらくして、ポンド危機が起こることになる。その後の世界恐慌の下で、英国の貿易赤字の改善は進まなかった。また、貿易外収支――海外からの利子や配当収入など――のそれまでの黒字幅も、縮小した。国家財政の悪化とポンド危機が並行したのだ。国家財政の悪化は、社会政策関連の予算削減など貧困問題をさらに悪化させた。必然、ソディは、著作で貧困問題を取り上げたのは当然であったろう。

貨幣論の変遷

1　日本の大学の経済学部では、「経済学入門」ではなく「経済原論（Principle of Economics）」という科目があった。通常、これには経済原論（一）とか（二）があって、前者が「近代経済学」であれば、後者が「マルクス経済学」という副題があてられていた。経済学を勉強する学生たちには、経済学には二つの「流派」があるような印象を与えた。貨幣論との関係では、前者では貨幣とは商品との物々交換に代わっていつでもどこでも、商品の価値を表すことで、商品との交換が可能な便利な手段などであることあたりで講義は済まされた。まずは「貨幣ありき論」である。残りの講義は、貨幣の分析とは物価との関係において、貨幣数量説などの紹介へと移るのが定番ではなかったろうか。他方、マルクス経済学講義では、資本の概念との関係で、「貨幣とは何か」という説明に近代経済学の講義よりははるかに多くの時間が割かれていた。この説明は貨幣史でもあり、当初は貨幣商品として商品の交換を媒介するために、より適したものが使用された。だが。腐敗したりする作物や家畜よりは、均質で任意に分割可能な金属――金や銀――が貨幣商品として利用されていったことが説明される。

貨幣の登場の前提には、商品経済のある程度の発達があった。それまでの自給自足経済から商品生産を中心とする経済が形成されるにしたがい、商品の交換を媒介する一定等価物としての貨幣が必要となり、それ自体が商品価値をもつ金などが使用された。あらゆる商品が金や銀の価値で表現――価値尺度機能――され、社会的に流通――通用――することが始まった。ソディの英国では一七世紀末に、銀貨から事実上の金本位制へと移行し、一九世紀末に世界主要国で金本位制がとられることになる。金が価値尺度＝貨幣となり、やがて金貨ではなく、金の重量を度量単位として紙幣が発行されるようになっていった。

こうして、貨幣は商品の交換における価値尺度と流通手段の二つの基本機能の統一性＝支払手段をもつことになった。他方で、貨幣は、単なる支払手段ではなく、蓄蔵手段となっていくところに、貨幣の変質をみるのがソディ貨幣論での展開である。多くの貨幣学説では、ソディのように貨幣のもつこの二つの機能＝手段――支払と蓄蔵――の位相のちがいが指摘されることはない。貨幣学説史的には、貨幣は商品交換の手段として突如登場する。この場合、貨幣の役割と機能は既述のように、自らの商品が他の商品の交換を通じてその価値が決定され、そのなかである種特殊な商品――腐らず＝変化せず、分割できるなど便利性をもつ――が貨幣化する。このような価値をもつ商品が貨幣となる意味において、貨幣とはそのような商品価値をもつ存在である。一般に、商品価値論では二つの学説が形成された。一つめは、「主観価値学説」であり、二つめは、「客観価値学説」である。二つの考え方を簡単に整理すると、つぎのようになる。

主観価値学説――価値の実体をモノの利用性・利便性・流通性に求める考え方である。そこでは貨幣の機能性だけを着目し、貨幣の発生史論への関心はきわめて薄い。必然、貨幣の交換性や支払手段としての役割だけが強調される。貨幣の機能だけに注目する名目主義でもある。

客観価値学説――貨幣のもつ価値の実体を、その生産＝労働に求める考え方である。具体的には、鋳造貨幣の場合、その金属を生成する生産費＝労働力こそが貨幣のもつ価値とされる。これは金属主義あるいは金属学説でもある。

両者の考え方の基本的相違は、前者では貨幣のもつ商品性よりも、その機能である流通性と支配手段の役割がもっぱら強調され、後者では貨幣のもつ固有価値＝素材価値——金の場合には金の価値——とともに、価値尺度機能が強調される。他方、ソディが批判したケインズ貨幣論では、貨幣は交換・流通手段としてよりも、価値保蔵手段の機能＝将来における交換手段——ゆえに価値保蔵手段——の機能が重視された。ソディ虚富論からすれば、仮想的な富として複利増殖して止まない貨幣の本質への理解は、科学的ではないことになる。

貨幣が価値尺度（＝金）の手段であるとしても、現在では、貨幣代替物であった紙幣——補助貨幣としての硬貨もあるが——は、金への兌換性を失っている。いまでは、紙幣は貨幣の中心を占めているし、実際には何ら換金への補償がないにもかかわらず、発行された商業信用（＝手形や小切手）は、はたして貨幣——金額で表示されている——なのかどうか。また、流通している貨幣量は、兌換の為に準備された金量によって制約を受けていない。それでは、貨幣とは、何によって規定されるのか。ソディがその著作の随所で事例として挙げる公債や戦争債——第一次大戦時——は、どうなのか。実質上、公債を担保に発行される貨幣——信用貨幣——の流通は、何をもたらすのか。この場合、ソディは公債発行と物価変動との関係に言及するが、価値尺度としての貨幣は、その価値を伸縮させることが物価変動につながるとすれば、貨幣の本質とは何であるのか。

ソディは、このような問題提起の下で貨幣を論じるときに、想定したのは母国の英国——たまに米国にも言及しているが——であったことはいうまでもない。英国の貨幣制度については、ソディも指摘しているが、金本位制が一八世紀はじめから実質上、定着していた。その後、一八一六年に正式に法制度によって確立された。この制度は、一九一四年八月の英国政府の金輸出禁止措置までおよそ一〇〇年間にわたって機能した。その後、第一次大戦の混乱がようやく終息しはじめた一九一九年になり、英国政府はカンリフ委員会の勧告案に基づいて、一九二五年四月に、旧平価――一ポンド＝四・八六六ドル――で金本位制に復帰を宣言した。

だが、英国は過大評価されたレートでのポンドの対外価値を維持するのが困難となり、世界恐慌下の一九三一年九月に金本位制を放棄（離脱）した。英国政府は、翌年の七月に財務省内に「為替平衡勘定」を設置し、イングランド銀行の公開市場操作によってポンドを管理通貨としたのである。他方、銀行券については、金融当局が自由裁量権によって発行額限度制度の下で発行した。ソディの時代、スコットランドとアイルランドは独自の銀行発行権をもっていた。

2

貨幣論は経済学者だけに委ねられてきたわけではない。ドイツの社会学者のゲオルク・ジンメル（一八五八～一九一八）貨幣論では、貨幣は経済という仕組みのなかで機能を果たすと同時に社会的な存在であり、それを共有・流通させるコミュニティの社会的認定＝信頼がなければ、そもそも存立しえない存在である。貨幣の本質的な意味を追求してこなかった古典派経済理論を批判するフランス人経済学者のアンドレ・オレルアンは、ジンメルの貨幣観を引き継いだうちの一人である。オレルアンは、『価値の帝国――経済学を再生する――』でジンメルの貨幣観を取り上げ、「金を唯一の真の貨幣と見なす金属主義の見解が支配的であった十九世紀末にあって、かなり独創的な分析であった。ジンメルによれば、金でさえ信頼に依拠しているのであった。彼が好んで繰り返し使用したのは、『銅ではなく信頼（non aes sed fides）』という表現であった」とした上で、つぎのように指摘する。

「さらにジンメルは、貨幣がかなり特殊な種類の信用であることも強調している。なぜなら、(貨幣においては)債務者は個人や法人ではなく、商業共同体の全体であるからだ。貨幣を持つ者は、生産者・交換者たちの総体に対して権利を有している。……貨幣を考察することは、全体としての社会による支払約束を考察することに等しいのである。認知された同一性を社会が持っていれば、貨幣の問題は容易に解決されるだろう。すべての困難が生じるのはまさに、『全体性としての社会』が他人との約束を行える法人ではない、という事実からである。よって貨幣には契約の論理が当てはまらない。貨幣という権利の実効性は、市場参加者たちに常に受領を強制する正式の契約にではなく、他者の欲望に由来している。よって、貨幣という権利は、欲望の模倣的な一点集中が再生産される限りでのみ存在するのである。貨幣信頼の本質はここに見てとれる。」(坂口明義訳)。

市場における無人格的な交換過程を想定し、それを重視する古典派以来の経済学に対して、オレルアンは異議を唱えた。社会での他者の評価などを意識する人びとの模倣行動は、経済活動においても人びとの同様の行動を生む。貨幣もまた、この文脈において単なる財の交換手段ではない。貨幣は、人びとの市場社会での模倣行動の相互作用による社会的産物でもある。このように貨幣を考えたオレルアンの貨幣論はジンメルのそれと重なる。ソディ自身は、ジンメル以来の貨幣の社会的機能にさほどの関心を示していたとは言えない。ソディにとって、重要なのはあくまでも貨幣が真の富ではなく、負債という仮想的な富を増殖させるメカニズムという人工法則があまりにも自然法則に背くことであったのだ。

経済と科学論

1　ソディが生まれた同じ年の一か月前に、貨幣論を展開したもう一人の人物が生まれた。オーストリア・ハンガリー帝国――当時――のルドルフ・ヒルファーディング（一八七七～一九四一）である。ヒルファーディングもまた、ソディと同様に最初から経済学を専攻したわけではなかった。両者とも自然科学出身である。ヒルファーディングはウィーン大学で医学を専攻し、軍医や開業医をへて短期間ながらオーストリア政府の財務大臣を二回にわたって務めた。ソディと同様に、ヒルファーディングもまた、学生時代から社会問題に興味をもっていた。ヒルファーディングは、ソディが『虚富論』を出版した一九二六年に『金融資本論――資本主義の最近の発展に関する研究――』を発刊している。単なる偶然以上に、当時、とりわけ、戦争による破壊と殺戮によって疲弊した欧州社会での貧困と失業問題、そしてそこにかかわる貨幣・金融制度の時代性が色濃く反省していたのだ。『金融資本論』は、第一篇「貨幣と信用」から始まる。参考までに構成を示しておく。

第一篇　貨幣と信用
　第一章　貨幣の必然性
　第二章　流通過程での貨幣
　第三章　支払い手段としての貨幣――信用貨幣
　第四章　産業資本の流通での貨幣
　第五章　銀行と貨幣資本

第六章　利子率

ヒルファーディングは、当時の経済情勢の特徴をとらえる鍵概念として「金融資本」を選んだ。なぜ、この時期に貨幣論を展開する必要があったのかを「序言」で指摘する。ヒルファーディングは、自由競争へ対抗したカルテルやトラストの登場に言及しつつ、より本質的には、「銀行資本と産業資本とのますます緊密になる関係」＝金融資本という形態を最重要視した。つぎのように貨幣論の意義について述べる。

「銀行資本と産業資本との諸関係においては、……信用の役割と本質との問題が提起された……貨幣の役割を明らかにすることがなおさら重要だったのは、マルクス貨幣理論が定式化されたのちに、なかんずくオランダ、オーストリア、インドにおける貨幣制度の形成によって、一連の重要な諸問題が投ぜられ、これに対して従来の貨幣理論は何の答えも見出さないように見えたからである。このことは、近代貨幣現象の問題点を明敏に看取したクナップ(*)をして、一切の経済的説明を排除して一つの法律的用語をもってこれに代えるという彼の試みをなすに至らしめた一事情であった。……貨幣の正しい分析によって初めて信用の役割が、したがってまた銀行資本と産業資本との諸関係が、認識されえたからである。」（岡崎次郎訳）。

＊　ゲオルグ・フリードリッヒ・クナップ（一八四二～一九二六）――ドイツの経済学者、統計学者であり、ライプチヒ市の統計局長などのあと、大学教授を務めた。

ヒルファーディングにとり、当時の大きな変化とは産業資本主義から金融資本主義への転嫁であった。それは銀行の供与する信用とは何か、そして貨幣とは何かを問うことであった。さて、彼の貨幣論＝信用論である(*)。紹介しておく。

＊　ソディとヒルファーディングからおよそ一〇年後になるが、ヒルファーディングと同じオーストリア・ハンガリー帝国の首都ウィーンに生まれ、ブタペストで育ちその地の大学などで法学を学び経済学へ転じたカール・ポランニー（一八八六〜一九六四）がいる。彼もまた伝統的経済学の貨幣論に飽きたらず、文明史を通じて貨幣の本質を追い求めた経済学者であった。

2　ヒルファーディングは『金融資本論』（一九一〇年刊）で、産業資本との結びつきをますます強めつつあった金融資本の「急速な成長」を論じるのに、まずは「貨幣論」を展開する。ヒルファーディングもまた、貨幣の必然性＝貨幣発生史論としては、多くの理論経済学が考察対象としてきた交換と貨幣の関係を重視する。ヒルファーディングの立論もこれに沿ったものである。ヒルファーディングはつぎのように指摘する。

「個人が交換に成功したときにのみ、彼は、社会的に必要なものを生産したいという証明をもつ。ただ、そのときにのみ、彼は新たに生産を開始しうる。かように諸商品の共同行為によって、一切の他の商品を表現する資格を認められる物、——これが貨幣である。商品交換そのものの発展とともに、この特別な商品の資格認証も同時に発展する。」（岡崎次郎訳）。

商品の交換が広く行われる社会では、貨幣は商品の価値を示す資格をもつ商品として成立し、それは「すべての一般的価値尺度」となる。興味あるのは、商品生産社会の下で「この一つの商品が貨幣となるためには、ただ慣習的に価値尺度として確定さえすればよい」という指摘である。この点は文化人類学者がさまざまな社会で多種多様な物が貨幣としての役割を果たしてきたことからも首肯できる。貨幣には「人間の社会的関係」＝分業と商品生産が入り込んでいる。マルクスの労働価値説を引き継ぐヒルファーディングは、貨幣の「使用価値」とは「社会的に必要な労働時間」であり、「交換価値」をもつことを強調した。必然、「貨幣の必然性は、社会的に必要な労働時間の生産物としての諸商品の交換によって自己の法則を経験する商品生産社会の本質から、発している」ことになる。そうした貨幣の発見について、ヒルファーディングはつぎのように自然発生的とみる。

「貨幣は交易から自然生的に発生し、そして、交易以外の何ものをも前提しない。交易は、その自然的諸属性によって最も貨幣たるに適している商品を、貨幣にする。かような商品の、たとえば金の、使用価値が、これを貨幣素材にする。金は生まれながらにして貨幣なのではない（そうではなく一定の社会構造によってのみ貨幣である）が、貨幣は生まれながらにして金である。」

金＝貨幣素材と告知するのは諸個人ではなく、あくまでも国家によって金＝貨幣となる。たとえば、金の含有量が国家によって刻印された貨幣は、「もはや秤量される必要はなく、算えられるだけでよい」ことになり、流通過程で使用されることになる。ヒルファーディングにとって、そうした貨幣——不換紙幣も含め——の流通量や流通速度のポイントはいわゆる貨幣数量説であった。ヒルファーディングが「純粋紙幣本位にあっては、紙幣によって代表される価格総額、流通時間が不変ならば、諸商品の価格総額に正比例し、且つ発行される単位紙幣の数量に反比例して、変動する」と論ずるのはそのためである。産業資本と金融資本の結合と後者の優位性が確立していく時期に生きたヒルファーディングにとって、分析すべき対象とは金融機関であり、そこから産み出される信用貨幣であった。ヒルファーディングはつぎのように指摘する。

「かくて、社会的産物として流通から生ずる強制通用力ある国家紙幣とは反対に、信用貨幣は、社会的にではなく私的に保証されたものであり、したがって、常に貨幣に転化されうるもの、兌換されうるものでなければならない。……したがって、支払手段としては、貨幣は支払指図証によって代位されうるにすぎない。この指図証は、相互の組合せによって相殺されない限り、貨幣に換えられねばならない。

これが、手形流通と、強制通用力をもつ国家紙幣の流通との差異をなす。国家紙幣は、商品流通の社会的最小限を基礎とする。手形流通は、かの最小限を超えて場所を占める。……私的債務請求権であって、……かくして初めて、私的債務請求権から、社会的に妥当する承認された等価となるのである。それは、支払手段としての貨幣の機能から生じたものであり、貨幣に代位する。……これに反して、国家紙幣は信用関係を基礎とするものではない。これを国家債務または信用貨幣と呼ぶのは、全く誤りに導くものである。」

ヒルファーディングもまたソディと同様に、銀行制度が生み出す信用貨幣と国家貨幣の違いを明確にした上で、信用貨幣が「資本家相互の売買に基づいて生じる。それは、流通の内部で、且つ流通に基づいて、生ずる。信用貨幣の効果は、金の現存額によって制限から流通を解放することにある。信用貨幣が作用する限り、金は、もはや流通手段としては作用せず、したがって肉身をもって商品に相対する必要がなく、ただ最終の決算に用いられているにすぎない」と指摘する。ソディもまた、その最終の決算と信用貨幣の実質的流通量の差異があまりにも拡大しつつあることを危惧した。同様に、ヒルファーディングもこの点に留意していた。ヒルファーディングが「資本主義的発展の進行につれて、第一に、流通させられる商品の送料は、したがって社会的に必要な流通価値は、急速に増大する。それとともに、強制通用力をもつ国家紙幣の占めうる余地が増大する。第二に、生産の範囲の大きさとともに、あらゆる債務の貨幣政務への転化とともに、また特に犠制資本の増大とともに、諸取引が信用貨幣によって行われる範囲が増大する。この二つのことは、いずれも、遂行されるべき流通過程と支払とに比しての金融貨幣の著しい減少を惹起する」と指摘するのもそのためであった。

資本と時間との関係は、資本の貨幣の再転化への関係であり、そこに大きな役割を果たすのは信用である。ヒルファーディングは「信用による遊休貨幣資本の機能貨幣資本への転化」を重視する。手形などは信用貨幣の典型である。この手形信用＝流通信用は「生産的資本家」によって相互に支えられ、そして最終的には銀行によって保持されなければならない。その意味では、銀行券とは「元来は、生産的資本家の手形に代位する銀行の手形」であり、「国家の監督下にある一銀行の独占となされることにより」通用することになる。ヒルファーディングの当時の現状分析に基づいた立論では、信用貨幣の拡大が銀行の発展を促し、「すべての遊休貨幣が銀行に流入するようになるとともに、銀行信用が商業信用に代る」ことで決済に必要な現金を減少させることを強調している。その結果、ヒルファーディングは、「遊休資本から機能貨幣資本に転化するという機能における信用」を「資本信用」と名付けていた。では、流通信用と資本信用とはどのように異なるのか。流通資本とは「商品資本に貨幣資本の形態を与える」ものであり、資本信用は「所有者が資本として充用しえない一貨幣額の、これを資本として充用すべき誰かの移転」である。

ヒルファーディングの金融資本論で重要なのは、銀行の生み出す資本信用であり、銀行は「すべての他の階級の貨幣形態における収入を集めて、これを資本家階級に貨幣資本として用立てる」機能をもち、その主要手段は「預金に利子をつけること、預金受入のための蒐集場所（支店）を設けることである」とした。その結果、ヒルファーディングは、資本信用が重要な意味をもつ経済体制であり、そこでは「固定資本を用立てる銀行は、すでにある程度の規模をもっておらねばならず、この規模は、産業企業の膨張とともに、またこれよりなお急速に、増大せねばならない」なかで、産業集積と銀行集積が展開する時代になりつつあったことを、ヒルファーディングは説いた。

3　ヒルファーディング「貨幣と信用」論の最後は、「利子率」で締め括られる。利子とは貨幣資本が機能資本として使われた結果、生み出された利潤の中の一部とされ、利子率は「貸付資本の需給関係」で決定されると分析した。利子について、ヒルファーディングは「労働からの生産手段の分離という資本主義の本質に対しては偶然的な」つぎの二つの事実から生ずるとみた。

（一）「貨幣に対する処分力をもつものは生産的な資本家だけではない」事実。

（二）「個別資本の循環においては常に全貨幣資本が入らねばならないのではなく、貨幣資本は時々遊休するという」事実。

利子率は現金に対する需要によって決定されれば、その「絶対的高さは資本信用の状態に懸るとすれば、その諸変動は何よりもまず流通信用の状態に懸る……マルクスは、利子率の諸変動を、貨幣、すなわち、硬貨および銀行券の形態で貸付けられる資本の供給に懸るものとする。しかし、その場合には、銀行券の額はどれだけありうるか、という問いがまだ残されてある」となる。ヒルファーディングは、銀行を通じた信用の拡張は無制限ではなく、銀行の支払準備金の制限によっても、利子率が上昇することにも言及する。興味あるのは、ヒルファーディングが当時の時点、欧州主要四行――イングランド銀行、フランス銀行、ドイツ帝国銀行（旧プロイセン銀行）、オーストリア・ハンガリア銀行（旧国民銀行）――の五五年間――一八五二年

〜一九〇七年――にわたる平均割引率の変動を紹介していることである。紹介しておく。恐慌年であった一八五七年、一八六六年、一八七三年、一八八二年、一八九一年、一八九二年、一八九五年、一九〇〇年、一九〇一年の割引率＝利子率の動きである。イングランド銀行やドイツ帝国銀行は恐慌時の金融ひっ迫を反映して、割引率の引き上げ幅は四行のなかでは比較的大きいのに対して、フランス銀行やオーストリア・ハンガリア銀行は小幅である。いうまでもなく、それぞれの銀行が依拠する国内経済の状況を反映したものだ。ヒルファーディングは当時の経済も踏まえ、つぎのように結論付ける。

「発展した資本主義経済関係においては利子率は僅かしか変動せず、これに反して利潤率は低下するのだから、ある程度において総利潤における利子率の分け前が、企業者利得に比して、増大する。すなわち、無為な資本家の分け前が、企業者利得に比して、増大する。この事実は、利子率低下という定説とは矛盾するが、しかし諸事実とは一致するものであり、また同時に、利子附資本の、したがって銀行の、勢力と意義との増大の一原因であり、また、資本の金融資本への転化のための重要な一槓杆である。」

これはヒルファーディング「金融資本」論の分析の基点であり、マルクスたちの資本運動の分析を金融面の変化からさらに進めようとした。

ソディ貨幣論

1　ソディには文学的素養があった。当然、英国人としてウィリアム・シェークスピア（一五六四〜一六一六）作品にも親しんでいた。彼は著作のなかで明らかにシェークスピアの『ベニスの商人』（一五九六年頃の執筆作品）を意識している。この物語は、実際には、シェークスピアが中世イタリアの物語集を範として、四つの逸話から五幕二〇場の悲喜劇に仕上げたといわれる。そこには当時の英国社会――舞台はイタリアのベニスである――で、すでに金貸業者として活躍していたユダヤ人への平均的な英国人観も反映されている。古代ギリシア社会やローマ社会では、金の貸し借りに金利が付与されるという社会通念はなく、また、キリスト教でもそのような意識はない中で、金貸し業が成立するのか。残念ながら、ソディはその背景についてはっきりとは言及していない。

この作品が上演された時代、英国は羊毛などの貿易が盛んであった。ベニスの商人バサーニオは、金貸しのシャイロックから借金をする。保証人は親友アントニオである。航海が無事終われば利幅が大きい。しかし、嵐による難破や海賊による被害があれば、すべてを失う当時の貿易業では、手形取引や債権・債務の清算などの制度が形成されつつあった。アントニオの商売相手は、船を持ち貿易に従事している商人――持ち船はトリポリス、西インド、メキシコ、イングランドに出航中――であった。当時の航海技術では、海運業はリスクに満ちたものであった。

シャイロックのような金貸し業もまた、リスク連動型ビジネスである。貸出金未回収のリスクに備えて高い金利を課していたことも想像に難くない。しかし、シャイロックが契約不履行に対して賠償金や担保を要求したのではなく、アントニオの肉一ポンドを要求したことは、金貸し業に批判的なアントニオへの個人的恨みを晴らすためであった。アントニオの船が荷物満載のまま海峡で難破したことで、この理不尽な要求は現実味を帯び、決定は裁判所にもちこまれた。

バサーニオの求婚者で法学博士に扮した男装のポーシャが、アントニオの弁論に立ち、一滴の血を流さず肉一ポンドを切り取ることの不可能――ベニスの法律ではキリスト信者の血を一滴でも流せば、土地・財産など国家へ没収――をシャイロックに悟らせる。さらに、ポーシャはベニスの法律を持ち出し、ベニス市民の生命に危害を加えることが明白になれば、財産の相手方と国家への没収、場合により死罪が待っていることを匂わせた。

これにより、訴えを引き下げ、証文の三倍の金額で示談に持ち込もうとするシャイロックに対し、公爵＝裁判官は大岡裁きよろしく慈悲ある減刑をほのめかす。結果、公爵とアントニオの「キリスト信者」らしい慈悲によって、シャイロックは娘の婚約者への財産譲渡とキリスト教への改宗を条件に許されることになる。いずれにせよ、貨幣は純粋な経済システムの申し子ではなく、その社会的な存在のなかでの経済活動の結果を担って登場し、それぞれの社会において受容されてきた。

2

ソディの「貨幣論」の随所には、ラスキン以来の倫理観、とりわけ、キリスト教的倫理観が投影されている。欧州社会における高利と高利貸については、フランスの中世史家ジャック・ル・ゴッフ（一九二四～二〇一四）の研究がある。中世の高利関係史料を渉猟したゴッフは、『金も命も――中世時代における経済と宗教――』（邦訳『中世の高利貸――金も命も――』(*)）で「高利は一三世紀の大問題の一つ」であったとしたうえで、つぎのようにその背景を示唆する。ちなみに、ベニスの商人が中世イタリアのヴェネツィア共和国の都市を舞台としていた。

「この世紀、キリスト教世界は『西暦千年』以来続けられてきた力強い躍進の頂点に達し、栄光に包まれつつも、早くも危機を迎えている。燎原の火のごとく広がる貨幣経済が旧来のキリスト教的諸価値を脅かすのである。新しい経済体制が誕生する用意が整う」（渡辺香根夫訳）。

＊　書名である「金も命も」については、中世社会で高利貸がキリスト教会などから言われた慣用句であったといわれる。

要するに、従来の高利や高利貸に対するキリスト教的倫理観が、新しい経済体制＝資本主義の勃興の前に変容を迫られつつあったのが欧州の中世時代とされる。古文書、たとえば、宗教会議の決議や公会議の文書、当時の宗教関係著作などにおいて、キリスト教会側の狼狽や動転ぶりと高利（usura）断罪が伝わってくる。この反高利運動について、ゴッフは「一二世紀半ばから一三世紀半ばにかけて高利非難の機運が勢いを盛り返すのは、高利の慣習が蔓延することによって、社会に大混乱が生じることを教会が恐れたからである」と指摘する。ゴッフは「高等法院など、司法の慣習・制度の進歩に伴う現象」の結果、「おそらく一二世紀にたちまさって、一三世紀は正義の世紀」となり、「この〈正義〉への強い関心は、宗教的イデオロギーと倫理とに深く浸透された経済の領域においても、ひとつの中心観念となる。経済活動、漸く配置の緒についた市場取引の基本理念は、〈公正な価格〉、〈公正な報酬〉である。《公正な》価格とは的確に言えば、事実上、市場価格にほかならぬにせよ、……金利は公正な価格に対する罪、〈自然の摂理に背く〉罪なのだ。こういう主張はわれわれの意表を衝く。しかし、これが一三世紀の聖職者の、そしてまた彼らに影響された一般信徒の考え方なのだ。ウスラ（高利——引用者注[*]）の概念はもっぱら〈金銭に付される金銭による〉利息の徴収に適用されている」と時代の転換を指摘する。

＊　ウスラは高利、高利貸というように、論文や小説などのなかでは訳されることが多い。歴史的な言語感覚の変遷では、単に金銭貸借だけではなく、信用を介した売買、為替、保険などの場合、つまり、利息の高低に関

係なく、元の価値から変動——もっぱら増殖——をともなう諸活動に関連したのである。こうした歴史性を帯びさせた言葉としては「徴利」と訳される場合がある。それは、ウスラ（usury）に対して、利率（interest）という言葉が登場したことにもよる。

ゴッフがパリ国立図書館に眠る古文書から粘り強く探し出してきた高利（ウスラ）に関する手書本には、「人は祭日にも仕事を休む。だがウスラの牛ども（boves usurarii）は休むことなく働き続け、神とすべての聖人に背く。こうした高利は果てしなく罪を犯すので、受けるべき罪にも果てしがない」（一三世紀の『教訓逸話六』）とある。興味あるのはこの種の文書に、高利の存在が「自然秩序」に背く、「自然に逆らう」、「神が定めた秩序に蔑にする」などの表現が散見されていたことだ。そして、そうした高利を扱うイメージとユダヤ人＝高利貸が結びついたことである。この点は、ゴッフも指摘するように、「ユダヤ人に対しては、今日のいわゆる《第一次》あるいは《第二次》産業にあたる生産活動は徐々に禁止される状況にあった」なかでは、ユダヤ人が見出せる自らの「経済」活動分野であったことになる。とはいえ、シェークスピアが生きた時代には、経済の発展は貨幣流通の拡張と結びつき、やがて、そのうねりは資本主義経済の発展を急速に促していくことになっていく。他方で、キリスト教徒とユダヤ教徒の間に経済的確執の溝が深まることになる。キリスト教徒といえども、ゴッフがいうように、キリスト教会の「あるべき論」と実際の「ある論」の溝も深まっていた。

時間とともに利息を生むことは「時間盗人」とされた。ゴッフはパリ国立図書館で見つけた別の一三世紀手書本にある「高利貸しは、馬に馬をラバにラバを生ませるようにして金を生ませようとして、自然に逆らって罪を犯す。その上、高利貸は盗人（latrones）である。なぜならば、彼らは自分の物ではない時間を売っているが、他人の財産を持ち主の意に反して売ることは盗みだからである。それればかりか、彼らの売るものは金銭の待機、つまり時間の他にないのであるから、彼らは光と想いとを売る者である。それゆえ、彼らに永遠の光と想いが与えられるのは正義に反する」という文書を紹介している。「人が眠っている間にも利益を上げようとする」高利貸への憎悪は相当なもののようにも思える。だが、中世には高利貸だけではなく、『ベニスの商人』でシャイロックが契約不履行に対して要求したアントニオの肉一ポンドもまた中世社会の職業観を象徴している。当時の血のタブーからすれば、肉屋なども蔑まされた職業でもあった。高利貸業とともに肉屋のイメージがシャイロックの人間性をさらに毒々しいものとしている。

3

ここで現代社会と欧州中世社会との関係性を探っておけば、貸付金に利息を付与することはすでに定着している。多くの人は住宅ローンや自動車ローンにおいて元金に加え、利息支払いにさほどの抵抗を感じてはいない。抵抗を感じるとすれば、それは利息が常識の範囲にあるかどうかに拠る。貨幣流通の定着と経済発展が軌を一にすることで、利息水準に一定の妥協が「常識の範囲」ということで成立したからといってよい。ゴッフ自身も、「事実、高利は、それが黙認されていた契約において習慣的に行われている利率を超えないかぎり、抑圧されていたばかりとは思えない。市場の利率がある限界内で認められていたのである」と述べているのもそのためである。ただし、当時のある限界内の利率は、現在から見ればかなり高利ではあった。

シェークスピアの『ベニスの商人』やゴッフの中世高利史論から浮かびあがるのは、利息の水準は社会のもつ構成原理と密接な関係をもち、中世社会ではそれはキリスト教会の戒律の範囲にあったものが、やがて宗教や宗教意識の変容とともに、市場金利という「神の手による」新たな戒律の登場となる。ただし、利息に付きまとう時間盗人という影は、ソディの貨幣論のそこかしこにこれまた影のように登場する。ソディは、利息が生み出す仮想的な富＝負債について、一見、科学法則性とは異なる人工現象と描いた。そこに中世社会の高利貸観も反映されている。ソディは既述のように、貨幣もまた社会的存在であることの認識はあったものの、人間社会を取り巻く自然環境などは自然法則に基づくものであり、人間はそうした自然と向き合うことで経済活動が成立しているとみた。そうであれば、経済活動は自然法則から全く独立して成立しえない。このことをエネルギー保存則、とりわけ、熱力学第二法則に拘泥して、貨幣を論じ、富の何たるかを論じた。では、ソディがシェークスピアの「ベニスの商人」を彼のいう科学法則の下に書きなおせば、ポーシャの法律論をどのように解釈したかは興味を引く。

4

ソディは、一九一九年に母校オックスフォード大学の化学教授として迎えられた。その二年後には、ノーベル賞を受賞した。多くの人たちはソディを偉大な化学者としてみなしたに違いない。だが、ソディ自身は科学についての多少の著作を残したものの、彼自身は経済学、とりわけ、貨幣と富との関係を探究しつづけた。講義録『デカルト主義経済学』の考え方をさらに発展させたのが、一九二六年に刊行された『富・虚富・負債』(第二版は一九三三年)である。さらに、この五年後に『貨幣対人間』が書かれた。

この後のソディの歩みは、講演会などで原子力エネルギーの将来とともに、貨幣について語り続けている。貨幣問題と貨幣改革は、ソディにとって生涯を通じて取り組んだ最重要課題であった。『貨幣対人間』での、ソディの貨幣観をまとめておこう。ソディは『貨幣対人間』の冒頭で、チューリップバブルに沸いた時代を強く意識して、「賢明な消費は賢明な生産よりもはるかに困難だ。……国富とは国家全体の消費額で推計される。消費こそが最終であり、生産の目的である。だからこそ、生きることが最終であり、消費の目的である。生命なくして富は存在しない」というラスキンの『最後の者にも』の一節を引用する。『貨幣対人間』の目次構成はつぎのようなものだ。

第一章　新しい経済学
第二章　貨幣、富と負債
第三章　近代貨幣とは何か
第四章　仮想的な富
第五章　いかにして国家は富を生み出すのか
第六章　その他の提案
第七章　国内経済学
第八章　実践的対応策
第九章　民主主義

ソディは、科学時代下での技術と生産力の関係、自然から不必要なまでにエネルギーを取り出し消費するようになったことなどを論じつつ、「新しい経済学とは何か」を問いかける。自分たちの生活が満たされて始めて、人は富とは何かに気づくものであること、わたしたちが必要とするものと貪欲さの関係は、わたしたちがつくりだした貧困と供給過剰との関係でもあること、したがって、「新しい経済学」とは、「富の科学

（science of wealth）」であると主張する。だが、実際には、経済学は未だに「欠乏の科学（science of want）」であることを、ソディは批判する。同時に、科学技術の急速な発達にもかかわらず、失業などの経済問題の解決にその成果が活かされないことへの苛立ちがあった。それはソディにとって生産よりもむしろ分配問題であり続けた。分配の問題とは、ソディにとって民主政治の問題でもあった。

ソディが貨幣、富と負債を論じるときの鍵概念は、「コミュニティ」、「分配メカニズム」、「信用創造」、「貧富の拡大」である。ソディはこうした鍵概念を用いつつ、一九三〇年代後半の社会を描いた。ソディはいう。「豊かさは、人びとに対してお金を貸すだけで、使おうとしない守銭奴に変えただけだ。この時代の屈辱的な光景は、最高の精神をより高貴な文明を築くためではなく、キメラ（ギリシア神話の頭はライオン、胴はヤギ、尾は蛇で火を吐く想像上の怪獣——引用者注）のように、利息付の負債へと損なってしまう富へと転換させるのだ」と。ところで、ソディのいう「貨幣システム」とは、「共同で生産された富を個人の消費と使用に配分する」システムである。しかるに、ソディは貨幣に関わるシステムについてつぎのように問題提起する。

「この国での貨幣の発行の第一目的は、利息を生ませるための貸出にある。みんなを守銭奴にさせる支配的な情熱とは、その結果が実際にやってみることにおいてかなり悲劇的であったとしても、理論的にかなり奇妙な方法でもって、やりすぎてしまうことなのだ。」

「理論的」とは、ソディにとって一九世紀以来、拡大の進歩を遂げた物理学——彼自身は化学者、正確には物理化学者であったが——の理論であり、ソディは物理法則を貨幣の性質の説明に応用しようとした。その否定的な面では、「無からは何も生じない（Ex nihilo nihil fit）」であり、その肯定的な面では、物質・エネルギー保存則であるが、この法則は誤って理解されていることに、ソディは異議を唱える。「無から何も生じない」という物理法則に従えば、現在の貨幣は例外となる。多くの人にとって貨幣とは硬貨(*)をイメージさせるかもしれないが、現在では、金額が印字された紙が「法定通貨」として流通する。だが、紙幣とても、小切手が発行されるようになり、実際に紙幣のやり取りがなくとも、銀行間の口座決済で多額の貨幣がやり取りされ、その金額は帳簿上で可視化されているにすぎない。ソディの貨幣論では、同時に銀行システムなどが問題視されるのは、このような問題意識からである。

＊　硬貨の場合は、それを溶解させれば金属となり、その金属自体のすべてあるいは一部が価値をもち他の物質とも交換可能となる。金貨などはこの典型である。ソディもこの点にふれている。

また、造幣局が硬貨を発行することで、貨幣とは国家管理の下に置かれている名残（curious relic of a once public currency）であるが、民主主義政治の下では、信用としての貨幣の発行は民間の金融機関で可能になり、公的貨幣は貨幣全体の一部にすぎなくなった。ソディも、貨幣は流通すれば、その発行主が国家であろうと、銀行であろうと、贋金者であろうと、関係なくなる、と象徴的な表現で指摘する。重要な事実は、物々交換の不便さを超えて、貨幣が交換の手段として流通していることである。ソディは、こうした貨幣（お金）とは、「独特かつ特別なかたちの負債であり、定期的な利払いと元本を支払う代わりに、お金を貸す人たちと契約する負債とはかなり異なっている」と指摘する。ここでお金を貸す人たちとは、銀行である。銀行は小切手によって硬貨や銀行券を発行せずとも、お金＝信用を作りだすことを発明したというのがソディの銀行観である。

銀行は相応の現金を有しなくても、それを超える信用という貨幣（the non-existing money of bank balance）をつくりだすことができるのは、銀行が預入金に対して利息を払うことでお金を集めることができ、そうした預入金を貸出すことで利息を得ることができる。ソディもこの点を認めたうえで、「不幸にも、こうした取引関係の解釈にとっては、真の貸出は保存則への挑戦にはなっていないのだ。これに不思議なことはない。借り手が受け取る金額を、債権者が放棄しているからだ」と指摘する。要するに、金兌換が約束された金本位制が崩れる時代に生きたソディにとっては、何の保証もないお金が信用というかたちで銀行から産み出されるのは魔術（magic）であり、それはまさに無から有が生じる物理的法則ではとらえられない人工的な世界であった。銀行が生み出す信用とは「近代貨幣」である。

5

ソディの「虚富（仮想的な富）論」は、銀行が信用（cheque money, non-existant money, money owned as bank balance in current account,bank credit）というかたちで生み出す近代貨幣と、それに付随した利息を生み出すシステムであることを明らかにしようとした著作であった。ソディは、第一次大戦中に、財務省証券が私的に発行された銀行券でいつの間に置き換わっていったことを振り返れば、このことが理解できようと述べる。銀行券には国王の肖像画は印刷されておらず、一ポンド紙幣には「イングランド銀行（Bank of England）は、この紙幣を持つ者には一ポンドを要求に応じて支払うことを約束する」とある。

日本の場合には、日本銀行券がお金として通用している。そうしたお金が銀行を介して信用という新たなお金が生み出されていることは、現在では、ソディが一九二〇年代から一九三〇年代を通じて、その秘密を明かすように書いているが、いまではその是非はともかくとして、これに根本的な疑問を投げつける経済学者はさほどいない。信用ということであれば、これは銀行と借り手だけの間だけではなく、企業間の取引もその都度、即金で決済しているわけではない。企業と企業の間の関係もまた信用を介して成立している。ただし、国際間だけではなく、国内取引において、そのようなお金＝貨幣の価値が変動したとすれば、長期取引などは成立するはずもなく、政府は物価の安定というかたちでお金の価値の安泰をはからざるをえない。

ソディの銀行への嫌悪感は、「銀行は貸出というかたちで無から有を生み出して、銀行は二回自分たちを利することができる」＝自分たちが何ももってなくても、他人のお金を利用して貸出し、借りた者はそれで生産して利潤を得て利息を払うという二重の循環がそこにある。ソディにとって、この安易な「クレディット・ファシリティ（与信枠）」とは、「分かりやすい英語でいえば、二重泥棒（a double theft）」ということになる。ソディは、銀行を通じて創造される信用貨幣は経済を大いに発展させてきたことを認めつつも、実際にはそれは仮想的な富であるとみる。

ソディは、仮想的な富は貨幣価値を計り説明する上での考え方にすぎないとするも、仮想的な富とは、人びとが自発的に実際の生産物と交換することを放棄していると指摘する。仮想的な富は、貨幣所有者のもつ金額にすぎない。そして、信用貨幣の背後にあるのは、国民に対して課税権をもつ政府の存在である。したがって、貨幣とは国民と国家との負債関係である。とりわけ、第一次大戦中の金本位制からの離脱は、この関係を一層明らかにしたのというのがソディの見方である。ソディは、「現在、貨幣とは硬貨でもなければ紙幣でもない。その多くは、単なる算術の和である。すべては等しく法定通貨である……」とも指摘する。

ソディは貨幣数量説（Quantity Theory of Money）なども紹介する。貨幣流通量、流通スピード、財ベースでの数量との関係を取り上げた。ソディにとって重要なのは貨幣のもつ社会的な機能であり、個々人の貨幣を挟んでの社会的関係であり、それが貨幣に価値を与えているとみた。ソディは、物価と貨幣価値との関係は単なる代数的な（algebraic relation）ものにすぎず、貨幣数量説の唯一の帰結は、「いささか曖昧な結論にすぎず、もし他の条件が変化しないとすれば、物価は貨幣量に応じて変動する」ことを示すにすぎないと指摘する。ソディにとって、「近代貨幣（modern money）」とは「共同体の個々の市民間の必要不可欠な国内の国家債務」であり、それによって市民が財やサービスを交換することが可能となり、企業家と銀行家の間の関係も成立させるものとされた。そして、近代貨幣が国家に関係する点において、貨幣とは政治形態、とりわけ、民主主義と深くかかわらざるを得ない存在でもあった。

6

科学者といえば、政治にさほど関心を寄せない専門家意識の人物を想像しがちである。ソディはそのタイプではなかった。ソディは貨幣論でも、貨幣のもつ政治的側面に強い関心を示す。ソディは「いかにして国家は富を生み出すのか」で、消費を取り上げる。のちに、ケインズが深刻化する失業状態を改善させるために「有効需要」の概念を発展させていくが、ソディも同様の考え方をもっていた。ソディはいう。

「生産の新たな増加に応じて、消費は引き上げられなければならない。でなければ、国家の最終状態は当初の状態よりも悪化しているものだ。より多くの貨幣がこの過程を完結させるために必要であり、この過程を創始させるためではないのだ。」

では、貨幣への認識を変えることによって、さまざまな問題を解決できるのかどうか。ソディは実践的な科学者としていくつかの提案を行っている。ソディにとって、重要なのはそれまでの「経済希少性の時代」から「豊かな時代」へ、「物理的な生産能力」の時代から「分配の時代」への変化に呼応した「新しい経済学」の考え方であった。「新しい経済学」については、ソディは三人の人物の名前を挙げている。一人は技術者で「社会的信用論」を提唱したクリフォード・ヒュー・ダグラス（一八七九～一九五二）、あと二人のうち一人は発明家、事業家で金融研究者でもあったアーサー・キットソン（一八五九～一九三七）、もう一人はドイツ人実業家であり、経済学者で自由貨幣——減価貨幣——を主張したシルビオ・ゲゼル（一八六二～一九三〇）である。ソディはこの三人の貨幣論者には、労働者の消費を促進するために生産費の一部を補てんするようなダグラスの考え方や、インフレではなく貨幣そのもの価値を減価させるゲゼルの考え方に対して、その政策的な具体性あるいは実施性という面で批判的であった。

ソディにとって、「貨幣制度とは、正確な重量測定器のようにわかりやすい機構（straightforward mechanism）であるべきであり、正確に口座を維持し、コミュニティが生産できるすべてのものを迅速かつ滞りなく分配する機構でなければならない。それは、他者の費用負担で一つの階級だけを利するものであってはならない」ものであった。さらに、ソディは、「貨幣とは社会契約を束ねるものであり、その他の事業契約とは異なり、知らない間に支払いを拒むようなものであってはならない」と主張した。物価との関係では、ソディは持論を展開する。すなわち、単純な正義とは、事業家や金利生活者だけを利する制度ではなく、国家が「真のお金（genuine money）」を発行すること。その貨幣の発行額は世紀が変わっても物価指標をコンスタントに保つ水準でなければならないとした。ソディの政治哲学において、「誰かが貨幣を発行したり、破壊したりできるなら、すべての人たちは、自分たちの経済的自立や自由という考え方を諦め去って、もっとも良い条件でこの権力を保有する人たちを雇い入れるだろう。一つの国家に二種類の首脳は要らないのだ。人びとは議会を選ぶか、銀行を選ぶかを決定しなければならないのだ」と指摘する。

しかし、貨幣は通貨でもあり、国内だけではなく、国際的な広がりのなかで決済手段となっている現状では、貨幣制度は国際的な文脈の下でとらえる必要がある。ソディもまたそのように考えた。かつては、金が国際的な通貨として利用された。異なる通貨の交換は為替レートの設定の下で行われる必要があることからしても、貨幣は異なる通貨制度の上に成立せざるをえない。ソディにもこの認識はあった。ソディは、当時の世界経済情勢について、国際通貨制度もさることながら、科学的な方法が工業に応用されるにしたがって、外国製品が自国へも押し寄せて、雇用問題が課題となることを述べつつ、つぎのように指摘する。

「したがって、この制度の下で、自国の労働者をますます減らすことができることが期待できよう。むろん、わたしたちは、そのような国家の自殺への道のりからまだ遠い。外国債務を返済しようが、あるいは、さらに外国債務が増加しつづけることにかかわりなく、わたしたちは、自国の金利生活者階級が外国投資からの利益や返済にもっぱら依拠するような立場に向かっている。そして国民のますます大部分は扶養家族や召使いだけとして生計を立てて、ますます少数の者だけが真の意味で生産的な産業で生計を立てられるようになる。」

さらに、ソディは債務者と債権者との関係は、個人間であれば債務返済問題が生じれば法的強制力が適用できるが、国家間でははなしは複雑――戦争の可能性も含め――になると指摘する。いずれにせよ、ソディの当時の問題意識は、現在のグローバル化時代のものづくりと製造業の空洞化を先取りしたような感じを受ける。国境を越えた債務者と債権者の関係は、ソディにとって戦争などの紛争をもたらすようなものであってはならないものとされた。それゆえに、ソディは、それまでの不足から科学によって豊かさの時代へと変化したとする持論を展開する。つまり、一方には科学文明の要求と豊かさの時代の反目があり、他方には、かつての希少性（不足）の原則から生まれた古い精神と生命システムがあって、国内よりも国際的に妥協できない状況があるとみた。ソディは、「要するに、豊かな時代には債務者が必要ないし、同様に、債権者も必要ないのだ」と指摘する。

ソディの楽観的な未来観はつぎのようにつづく。ソディは述べる。「富がさらに増えるにつれて、貸出しや雇用による富者たちの源泉は涸渇する傾向となる。科学が提供した至福千年（millenium）は、過労、栄養不足、過密の終焉時代ではない。なぜなら、それは負債をかなり累積させる複利のような愚徳ではなく、すべてが経済的に自由であり、だれもが借りることを強制されず、あるいは、他者の利益のために雇用を強制されない時代だからだ」と。ソディは、「既存の金権主義、すなわち債権者の貴族主義は、旧来の時代と新時代との間の過渡期のものにすぎない」として、債権者貴族主義は定着しないだろうと主張する。ソディの掲げる根拠は、戦争の破壊のために生産されるのではなく、平和のために生産が拡大されれば貧困問題が解決できるという見込であった。ソディにとって、「科学の原則と実践が広く普及した」世界では、わたしたちの社会は「非科学的経済へと復帰することは起こりそうにもない」ことを望んだ。

7

ソディ経済学とは「政治経済学」である。『デカルト主義経済学』でも指摘したが、その副題は政府の役割に関するものであった。必然、『貨幣と人間』でも、「対応策（practical measures）」が示されている。ソディの批判対象は、繰り返しなるが、「信用貨幣」の現状とあり方である。ソディは指摘する。

「まず、私たちは架空の信用システムを完全に終わらせなければならない。偽と真の違いを明らかにしようではないか。真の信用とは価値のあるものの売り手により得られるものだ。これは貨幣量に影響を与えない。なぜなら、売り手が貨幣を手にするからだ。……（双方が交換にそれぞれ欲するものを手に入れる）」。

「だが……」とソディはいう。そこに銀行の関与に言及した。銀行は、他者の資産＝預金をベースに貸出し＝融資というかたちで貨幣を扱うことで、貸出し以上に利息というかたちで貨幣を得ることができる。国家＝政府は公債——国家の借金——を発行して、公債購入者へは利息が支払われる。銀行の保有国債——実質上、借り入れ——へも利息を支払う。いずれにせよ、国家は公債発行を通じて貨幣を発行したのである。ソディはこのような信用創造＝新しい貨幣の発行のメカニズムを問題視するのだが、なぜ、このメカニズムの問題点が理解されないのかに苛立ちを見せる。ソディは、このメカニズムが「巨大な規模の取引で行われていて……二〇世紀ではこれと同様のあるいは類似するやり方が見当たらないからだ」と指摘する。ソディの危惧は貨幣量が膨張することで起きる物価上昇であり、生活費高騰のために賃上げを要求する被雇用者と雇用者の間に生じる対立である。むろん、インフレーション時ではなく、デフレーション時にも信用の収縮を通じて貨幣量の減少がもたらす問題、とりわけ貧困問題にも言及する。

ソディにとって、貨幣とは「発行者に対してではなく、コミュニティの個人へ押しつけられた内部債務の一形態である」とされた。では、政府の役割と何なのか。議会制民主主義をとる英国では、ソディは「議会が国家の必要に応じて十分な金と銀のような貨幣を発行することを常に恐れてきたこと」を問題視した。銀行もいまのような形態ではなく、当初、小切手や為替というやり方から始まったことは言うまでもない。小切手発行などは、いうまでもなく、信用貨幣の創造につながった。ソディにいわせれば、国民が知らないうちに、銀行は貨幣を発行していたのであり、この利益は銀行にとってきわめて大きかった。ソディは、公債の利息は所有者を介して「何もしない」銀行へ納税者から支払われていると指摘する。他方、国家は印刷機で貨幣を発行する一方で、銀行は信用という貨幣を創造する。ソディ自身は、「銀行に関していえば、その合法的なビジネスはお金を生み出すことではない」と強く主張する。ソディは、将来、そのような銀行の仕事は骨折り損の仕事になると予想したが、現在のところ、ソディが夢見た将来はまだやってきていない。ソディの銀行批判の背景には、当時の貧困問題＝失業問題へ政府が有効な対策を講じていない現状への強い不満と批判があった。かつての「不足」の時代から「豊かな」時代へと変化したにもかかわらず、ソディは、その原因である「過少消費（under-consumption）」の問題が解決されていない現状を憂いた。それゆえに、ソディはつぎのように主張する。

「（政策をめぐる）党派的な議論に陥るまえに、わたしたちは生産可能な富をすべて分配できる通貨制度を打ち立てなければならない。……文明の将来の保持は、それまで以上に悲惨な経済戦争を継続することで、生活を破壊することではなく、さまざまな側面でむしろ生活を豊かにする有用な消費によって世界の潜在的な生産への出口を見つけられるどうかにかかっているのだ。国家の科学的貨幣制度というのは、わたしたちが豊富に生産できる商品のために巨大な国内市場をつくりだすことであり、他の諸国で有利に生産された商品との交易を容易にするためのものである。」

ソディは消費喚起の必要性とともに、「国家的通貨制度は、富裕層とともに貧困層をも利して、政治的な階級闘争の最悪状況の直接原因を取り除くだろう。その結果、家計へお金が流れ込むだけではなく、所得の増加によって税率を引き下げても納税額は増加する。そして、投資のために利用可能な資金が増加して、素晴らしいことには、利率も低下せざるをえなくなるのだ。その場合、過剰生産を防ぐには、たとえば、利率が五%の場合、それが引き下がれば、人びとは貯金するよりも消費する気になるものだ」と指摘する。

ソディは、課税から得られた国家収入の一定割合で老朽資本の国有化=償還を主張する。ソディにとって、課税の意味は政府支出額の確保のためと、資本投資額の確保のためであった。経済的繁栄の下では、貧困者、失業者などは自活できるため、そのような人たちへの政府支出は少なくて済むのである。他方、資本投資が国家収入で行われる。その場合、資本の償却額に応じた利率が設定されればよい、とソディは考えた。ただし、ソディは生産資本の国有化=社会主義あるいは共産主義という見方に対して、国家が一斉におこなう国有化には懐疑的であった。ソディにとって、資本主義制度は、彼の「科学文明」観に合致したものであった。ただし、ソディにとって重要であったのは資本それ自体であり、それは単なる所有権の問題であり、それをどのように利用するかが資本主義と社会主義の異なるところとみた。

社会主義――革命家たち――では、生産面について十分な考察がなされておらず、資本財や消費財が実際に生産されているかどうかである。ソディは民間主導で優れている個人主義――資本主義――的国家と社会主義的国家の両方の優れた点を活かすことのできる制度改革を模索した。ソディは、科学技術が発達して、生産に関わる人の数は機械の使用によってずっと少なくなることを予想した。個人よりも国家の収入が多くなり、働く必要のなくなった国民=労働者には賃金のかわりに配当を支払うことができるとみた。ソディにとって、古い経済学観に基づいた豊かな国は、新しい経済学観にもとづけば貧しい国になる。ソディは、貨幣論を通じて「致命的な過ちとは、民間の通貨制度の拡張を許したことであり、それを終焉させなかったことである」と主張しつづけた。ソディは貨幣論の最後に「民主主義」を取り上げる。ソディは、当時の英国の情勢をつぎのように紹介している。

「失業率の驚くべき上昇とわたしたちの主要産業の継続的で深刻な不況は、全政党の引き続き取り組むべきテーマである。だが、明らかかつ間違いなく予想される原因である貨幣政策については、沈黙という陰謀がある。」

にもかかわらず、英国議会は国家貨幣の創造と破壊を銀行に任せているとして苛立つソディの批判は手厳しい。「この国の金融制度は腐りきっているので、真の調査を行えていないのだ。現在、この国が生産でき、そしてその必要のある財を配分する仕事を行っていないのに、課税だけはインチキにやっている……」と。

ソディは、貨幣制度改革の希望を、生産手段の全面国有化を求める強権的な社会主義ではなく、「民主主義」政治の実現に期待を寄せた。

終章　貨幣論の行方

現代世界では、流通しているマネーのほぼすべてが、もはやソブリンマネーではなく、バンクマネーである。そうだとしたら、安定と自由の両方を実現するというマネーの約束を、銀行はどうやって実現するのだろう。

フェリックス・マーティン（遠藤真美訳）『二一世紀の貨幣論』

経済の新たな教訓。貨幣は神のために役立つ道具であるが、それが神の競争者となり、貨幣自体が目的となったとき、危険なものとなるということ。言い換えれば、豊かになることは、道徳的規則がなければ、偶像の形をとってしまうということである。

ジャック・アタリ（的場昭弘訳）『ユダヤ人、世界と貨幣――一神教と経済の四〇〇〇年史――』

ソディ改革論

1　ソディが化学者から経済学者へと転じた大きな理由は、すでに何度も指摘した。それは一九世紀末からの科学の発展が第一次世界大戦というそれまでの戦争とは比べものにならないほどの破壊を人びとにもたらしたことへの驚きと未来への恐怖であった。より正確にいえば、化学者というよりも原子物理学者としてのソディは、原子力の利用についてもエネルギー面への応用よりも、大量殺戮兵器への転用を彼の時代にすでに予想していた。

ソディ経済学の出発点は、一つには科学の発展が、なぜ、当時の失業問題や貧困問題の解決に役立つどころか、むしろ貧富の拡大をもたらしているのかにあった。ソディは、科学発展がそれまでの人力に依存したような生産方法を大きく変え、一挙に生産力が拡大する時代を到来させるとみた。必然、重要なのは生産ではなく、分配の問題であった。そして、実物経済としての生産＝真の富に対して、偏った分配がもたらす余剰の富は利息というかたちでますます拡大し、実物経済の規模をはるかに上回る虚富――仮想的な富――を生み出す。

ソディにとり虚富とは自然法則に反する。それはまさに人工法則であった。人工法則を解き明かす鍵とは、ソディにとって経済学の解明であったのだ。ソディ経済学の中心は貨幣論である。ソディ自身、貨幣発生史や貨幣理論についてもふれているが、その指摘は、当時、そして今日の貨幣論の常識の範囲を超えるものではない。ソディが問題視したのは現金貨幣ではなく、銀行を通じて生み出される信用貨幣であり、それを増殖させる利息であり、そうして生み出された貨幣ベースの富は実際の物に還元できる量をはるかに超える仮想的な富である。ソディ貨幣論の行間にも見え隠れするのは、信用貨幣を創出できる銀行への不信であり、銀行＝守銭奴観ではなかったか。ソディが生きた英国社会でも残る中世社会以来の高利や高利貸への嫌悪でもあった。

守銭奴については、フランス喜劇の巨人モリエール——本名ジャン＝バティスト・ポクラン（一六二二〜七三）——の「守銭奴」という作品がある。大筋は、蓄財をはかって子供たち——息子と娘——の政略結婚に熱心な守銭奴の父親のドタバタ喜劇である。この父親〈アルパゴン〉は自分の金を庭に埋めるだけで満足せず、本職の高利貸顔負けの副業もやっている。この作品には、「蓄財」、「投資」、「資本」、「高利」、「高利貸」＝「ユダヤ人」「アラブ人」「トルコ人」などの言葉が飛び跳ねる。アルパゴンの息子クレアントの高利貸についてのせりふは、つぎのようなものだ。

「まるで首切役人みたいな野郎だ。こんなべらぼうな高利って、聞いたことがないよ。目の飛び出るような利息を吹っかけてきやがった……おれはやっぱりやっこさんの言いなりになるより仕方がない。なにからなにまで、ご無理ごもっともで呑み込こませる力があるんだからな。あの悪党め、おれをしっかり押さえつけて、咽喉元に短刀をつきつけていやがるんだ」（鈴木力衛訳）。

クレアントの父親に対して、「お父さんですか、こんなべらぼうな金利で金もうけしようというのは？」というせりふもある。また、トルコ人に対して、クレアントの従僕ラ・フレーシュの「トルコもトルコ、箸にも棒にもかからないトルコ式さ。他人がくたばろうが、眉の毛一本動かさないんだぜ、ひと口に言えば、評判とか、名誉とか、人情などはそっちのけで、お金の後ばかり追いまわしているわけさ、金をくれなんて言ってくるやつに出っくわすと、体がひきつってしまうんだ……」というせりふもある。

いずれにせよ、守銭奴と高利は切っても切れない関係のイメージである。モリエールが生きた一七世紀は、フランス社会でも絶対王政の封建制度も崩れかけ、近代的な資本主義社会への移行が見え隠れしていた時期であった。にもかかわらず、中世社会の金銭感覚、とりわけ、金を高利で運用することへの嫌悪感があった。訳者の鈴木力衛は、解説で、モリエール作『守銭奴』非難論のなかでもっとも有名であったジャン・ジャック・ルソー（一七一二～七八）の考えを紹介する。

「……守銭奴であり、金を高利で貸すことは一つの大きな悪徳である。しかし、息子が父親の金を盗み、払うべき敬意を払わず、腹立ちまぎれに『わしの呪いをくれてやる』と叫ぶ父親に向かって、息子が愚弄するような口振りで『そんなものをいただいても何にもなりません』とやりかえすのは、さらに大きな悪徳ではなかろうか……」。

後半の父親と息子のやりとりは別――のちに従者の仕業と判明――として、ルソーの高利観は、当時のフランス社会の常識的な感覚であった。

2

ソディ貨幣論は、現在では当たり前となった貨幣の役割や銀行による信用創造にも疑義を挟む。ソディの問題視した金利水準からいえば、今世紀に入ってからのわが国のゼロ金利という状況は一体全体、何を意味するのか、さらに、貨幣も、現在では、鋳貨、紙幣にとどまらず、クレジットカード、プリペイド・カード、実質のお金となっているマイレージやポイント、地域通貨、ビットコイン等々へと広がりをみせる。だが、ソディ自身も認めているように、貨幣の存在がなければ、物質生産としての経済はここまでの発展はしなかった。これを貨幣のポジティブな面だとみなすと、ネガティブな面はつねに繰り返されてきたバブル経済と崩壊、リーマンショックのような実物経済を超えた金融経済の歪み、所得や富の不平等な格差拡大、拝金主義、自然環境の破壊等々である。貨幣のもつ交換（流通）機能、価値機能、蓄積機能、そして支払機能という四つの機能の均衡が崩れるときに、貨幣はある種の自家中毒症を起こし、みずからの機能を低下させてしまう。

生産物と生産物との交換を促す支払機能をもつ貨幣の側面よりも、生産物からサービスなどの消費へと経済の重点が移動するにつれ、サービスとサービスの交換にともない、生産物が交換される機会が減り、貨幣そのものの蓄積機能が貨幣交換そのもの、とりわけ、異なる通貨間の交換に加え、貨幣と国債＝利子付負債の交換を促し肥大化したのが現在の経済である。

先に、生産物と生産物の交換、サービスとサービスの交換――当然、サービスと生産物の交換もあるが――についてふれた。現在では、物ではなく情報と情報の交換を通じて経済活動が促進されてきている側面も見落としてはならない。実は、貨幣そのものが電子貨幣化してきている。電子貨幣にはさまざまな情報が書き込まれ、電子貨幣――クレジットカードも含め――の使用を通じて情報が交換される。これはいままでの現金通貨などにはない貨幣の新たな付随機能である。

こうしてみると、貨幣とはたんなる手段ではない。貨幣は人と人との関係、組織と組織、組織と人の関係を、狭い顔が見える関係ではなく、顔が見えない関係のなかでも構築させていく社会的機能をもつ存在である。顔の見えない関係では、かつての金貨や銀貨などの鋳造貨幣の時代とは全く異なり、電子マネー創造の限界費用はほとんどゼロであり、その信用貨幣の創出度＝貨幣乗数の値はコンピュータを挟み創造を絶するスピードを持つ。それは、まさに顔がまったく見えてこない社会関係である。

こうした時代の下で、信用通貨の問題点を突き付けたソディ貨幣論は、シルビオ・ゲゼルの減価貨幣論とともに、金融経済と実物経済の関係の再検討を促す。ソディが繰り返し強調したのは、貨幣とは富そのものではなく、あくまでも富に対する社会的請求権である。したがって、貨幣が金融資産として実物経済をはるかに上回るペースで拡大しつづける現代経済は、ソディが常に強調したように、使用とともに減価する財――資本財や消費財――に関わる物理的制限を全く無視したものであり、エントロピー法則と全く相容れないものである。

貨幣制度も自然法則であるエントロピー法則という物理則から逃れることはできないし、また、逃れるべきではないと示唆するソディの見方には、経済とは人間の営みであって、自然の営みではないという見方も成立する。とりわけ、真の富は時の経過とともに物理的に減価するものであるのに対し、ソディは、貨幣ベースでの債務は複利で増殖していく虚富――仮想的な富――であることを強く指摘した。そうした虚富だけが真の富以上に拡張する経済の不健全さ、とりわけ、貧困問題の解決にはつながらず、むしろ、国民の間の経済格差を深刻なまでに拡大させることが危惧された。ソディは、こうした社会関係をもたらす貨幣制度の改善は、生産手段＝資本の上からの国有化ではなく、民主主義政治を通しての資産保有への課税を通じて、真の富と仮想的な富のギャップを縮小させ、銀行の信用創造のあり方の改善を強く主張したのである。

1　貨幣と経済学

化学者ソディは、貨幣をきちんと分析対象にしてこなかった経済学者の知的営みに異議を唱えた。大学などの講義を通じて経済学を学んだ者にとって、貨幣とは物々交換の代替手段として発見・発達された貨幣へと進化したものと教えられる。だが、物々交換は極めて狭い空間的範囲で少ない財の間で抽象的に成立することはできても、貨幣史の専門家が実際にその成立を確かめたわけではない。経済学の抽象的な設定のなかだけで、物々交換経済は成立する。また、物々交換の面倒さに取って代わったとされる交換手段＝貨幣は、さまざまな物質のかたちをとってきた。このことは文化人類学者などの学問的成果として知られてきた。

さまざまな物質では、多くの人が知っている西太平洋カロリン諸島のヤップ島の石貨（フェイ）は代用通貨として良く知られる。このうち巨石は決済手段として持ち運ぶには、無理がありすぎる貨幣である。この貨幣は、清算手段としての債務と債権のバランスを示す代用貨幣であると解釈すれば、巨石の意味も理解できる。換言すれば、貨幣とは、そこに直接物を動かさなくとも、信用をやりとりする結果を刻印できる決済システムである。さらに、この決済システムは社会関係の反映であることは、社会の安定期や不安定期に、その信頼性が大きく異なることからも理解できる。この決済システムの中核は、排他的な貨幣鋳造権をもつ国家ではなく銀行である。銀行が決済システムの中核に位置するようになったのは、その発行小切手が実質上の信用貨幣として流通するようになったからである。古典派経済学は、こうした現状を横目でみながら成立していくことになる。それは、信用と清算（決済）のシステムとして、まず貨幣ありきの経済学である。

実務家でエコノミストのフェリックス・マーティンの『貨幣——非公認歴史——』（邦訳『二一世紀の貨幣論』）が、ヤップ島の石貨、中世イングランドの取引関係を記した木片のタリーであろうと、現在の電子マネーであろうと、貨幣の本質をつぎのように規定するのは正論である。

「硬貨など、実際に手に触れることができなくて、腐ったり潰れたりしない通貨がマネーであり、その上に債権と債務という手品のような実体のない装置が作られているのだと、どうしても考えてしまいがちだ。だが、現実はその真逆である。譲渡可能な信用という社会的な技術こそが、基本的な力であり、マネーの原始概念なのである。（貨幣とは——引用者注）すべて、常に変動しつづける何兆という債権債務関係の残高を記録するための代用貨幣にすぎない」（遠藤真美訳）。

債権債務関係を記録する会計の考え方やその制度の発達が、信用貨幣を流通させるための装置となる。また、それまでの圧倒的な政治権力をもつ君主や荘園領主に代わり、貿易商人や商工業者などの登場により、貨幣という経済権力を有する階級が生まれ、貨幣経済が一挙に拡大していった。利息を禁じた中世社会との決別が、すぐそこに迫っていた。貨幣鋳造権——いわゆるソブリンマネー——をもつ国家や官僚組織、特権的商人が貨幣改鋳により利益を得ることができなくなり、為替手形やその後の小切手決済などで力をつけてくる銀行との間に軋轢が生じた。本来はそのような決済システムは、私的なものであるにもかかわらず、やがて国家とて無視できない存在となるのは、社会の信頼を得ることで実質上、決算システムが公的なシステムへと変化したことによる。こうした信頼は信用貨幣の流動性を高め、さらにこの流動性の高まりが信頼性を高める相互作用を生んだ。やがて、このシステムは、貿易関係の拡大とともに、一国内から国際間取引へと拡張する。

銀行間の私的決済は信頼性が失われれば、一夜にして決済システムの機能が失われる。私的決済を担保する存在としてイングランド銀行——Bank of England——がその中心に座らざるを得なかったことは、ソディも随所でふれている。それは当時の国王の戦争遂行のための放漫財政——戦費調達のための重税という圧制——の下で、国王とイングランド銀行のそれまでの関係を見直さざるをえなかったことにもよる。国王側の譲歩では、イングランド銀行へ銀行券＝事実上の流通貨幣の発行権を与えた。国王の譲歩＝庇護の下で銀行から発行される銀行券は広く社会の信頼を受け流通することで、一八世紀以降の貨幣史は大きな展開を示す。イングランド銀行(*)は銀行券の発行を通じて、民間銀行間の決済に加え、国家の債務や税金徴収に大きな影響を及ぼす存在となっていく。これもソディの指摘通りである。

＊　ソディ自身も簡単にふれているが、イングランド銀行の設立には、英国自身の戦費の調達という歴史的な事情が絡んでいる。一七世紀後半、英仏間の植民地での戦争がはじまると、英国政府はその戦費調達をはかるため国債を発行することになる。これが一六九三年であり、この翌年にイングランド銀行が設立されたのは単なる偶然ではない。イングランド銀行設立目的は戦争国債の引き受けであり、そのための資金を国内外から集めることになった。もっとも、この時点では、イングランド銀行はまだ銀行券＝貨幣の発行主体ではない。
　この役割が促進されるのは、英国議会が租税でもってイングランド銀行の国債発行を保障したことである。そこから国債購入者へ利息を支払うことで、イングランド銀行の役割が確立されていくのである。

アダム・スミス（一七二三〜九〇）が『国富論』を著した一七七六年とは、イングランド銀行が英国の貨幣制度のなかで大きな役割を占めつつあった時代である。スミスの功績は「見えざる手」という表現のみが拡大解釈された感があるが、貨幣経済の到来を告げたところにある。やがて、さまざまな経済学書が生まれ、経済理論が精緻化されていく。だが、貨幣を真っ向から取り上げた経済学者はジョン・メイナード・ケインズ（一八八三〜一九四六）、シルビオ・ゲゼル（一八六二〜一九三〇）、そしてフレデリック・ソディなどの登場まで「中断」する。彼らの問題意識は明確であり、ソディとも共通した。なぜ、生産力も高い豊かな時代に失業に象徴される貧困問題が存在しているのか。当時の経済システムのなかで貨幣の本来のあり方を求めようとした。ソディにとって明らかにすべきは、自然法則から導き出された貨幣であり、そうした自然法則に反する貨幣制度はやがて社会――ソディの言葉ではコミュニティ――を破壊することになる。このことに警鐘が鳴らされた。

ソディもまたケインズなどと同様に金利生活者のみを利する信用貨幣を問題視した。ソディは貨幣に関する著作を多く残した。それは、貨幣の存在そのものを前提として需給関係の均衡の機能的側面のみに着目する既存経済学に異議を唱えたためだ。前述のマーティンもまたこの点について次のように指摘する。

「マネーに疑惑的な貨幣思想の系譜は、標準的な貨幣観と、その基礎の上に構築された経済学という新しい学問の陰に追いやられてしまっている。……マネーへの懐疑が置き去りにされたために、経済学は大きな盲点を抱え込んでいる。今回の世界的な金融危機（リーマンショック――引用者注）への対応で、経済学がまるで役に立たなかったことが、その何よりの証拠だ。標準的な貨幣観はいったいどのような経済的な帰結をもたらしたのか。」

ソディの経済学の原点もそこにあった。したがって、ソディの貨幣経済学は銀行経済学でなければならなかった。

2

銀行は、信用貨幣というかたちで無から有を生み出す。ソディの自然法則からすれば、そのような自然現象は起こりようがない。ましてや、自然法則が支配する実物経済＝真の富と比べて、無から有を生み出した金融経済という仮想的な富がはるかに大きな規模をもつ社会の不自然さは、ソディが現在に甦ったとしても許容できないにちがいない。リーマンショックに沈んだ米国などの巨大銀行は、もはや「大きくてつぶせない」規模であり、その救済に投ぜられた各国の国家資金＝税金は天文学的な数字に上った。かつての、銀行における債務と債権のバランスシート上の均衡をはるかに超える。だとすれば、バランスシート上の均衡の範囲内で信用貨幣――バンクマネー――の創出はとどめられるべきはずであった。そのようにはならなかった。信用貨幣の創出範囲はあらゆる権利の証券化あるいは債権化によって、従来とは比較にならないほどに拡がっていた。リーマンショックはこのことを明らかにした。

それでは、誰がどのように貨幣を管理すべきなのか。あるいは、管理することができるのか。貨幣史を振り返ってみれば、日本では戦国期が終わり、江戸期になり、欧州諸国では長い中世が終わり、近世になりこの問題が浮上する。金融エコノミストのフェリックス・マーティンは『貨幣――未公認史――』（邦訳『二一世紀の貨幣論』）で、つぎのように指摘する。

「一二世紀後半から一四世紀半ばにかけての、いわゆる『長い一三世紀』にヨーロッパで再貨幣化が起こり、後に衝突することになる二つの現象が生まれた。一つは、富をマネーで保有し、取引をマネーで行う個人や組織の階級が登場したことだ。君主の宮廷の外で政治的な力を持つようになった『マネー権力者』である。

もう一つは、主権者が貨幣鋳造益という奇跡のような収入源を濫用するようになったことだ。マネーの使用が拡大するにつれて、その奇跡はどんどん大きくなっていった。……しかし、魔法のように思えたこの財源にも限界があった。……新たに生まれたマネー権力者たちがとうとう君主の暴政に気づき、反旗を翻すのである。それは一四世紀半ばのことだった。このとき、西洋の貨幣思想が初めて、だれがマネーを管理すべきかという現実の政治をめぐる疑問に対して、明確な手段を示した。それはその先、大きな関心を集めるようになるのだが、厚いベールをまとうことになった。その手段とは、金融政策である。」（遠藤真美訳）。

たしかに、人びとの経済活動はそれまでの狭い共同体の中から外へとますます飛び出した。その関係は貨幣経済というかたちで拡大していくようになるのがいわゆる近世社会である。そうしたなかで、誰が貨幣――マネー――を管理するのか、そして貨幣の流通速度に大きな影響を与える手段としての金融政策が君主を利するのか、あるいは、大きな力を持ち始めた商人たちを利するのか、貨幣をめぐる政治体制は、その後、貨幣管理者となる銀行をめぐるそれでもあったのだ。

多くの取引は銀行を通じて決済システムによって行われる。実際に、現物貨幣をやりとりするのではなく、銀行の帳簿――バランスシート――の上での数字によってあらゆる取引が完結していく。貨幣とは帳簿上の数字となる。英国金融史でもそうだが、あとは君主と銀行との関係が、銀行券の発行というかたちで貨幣制度を進展させた。だが、貨幣がそれぞれの発行元の国を超えて、自律的に動き出す時代において、「誰が貨幣を管理するのか」という命題そのものの設定が正しいのかどうか。つまり、もはやだれも管理できない状態において、管理そのものの意味が問われている。

それはまさに暴走する原子炉の事故を思い起こさせる。貨幣史が指し示すところでは、貨幣には単に経済だけではなく、社会の構造そのものを変える力がある。ソディは貨幣という社会を変えるエネルギーについて深い洞察力をもっていた。それゆえに、ソディは貨幣の経済学を模索したのである。この点について、マーティンもつぎのように指摘する。

「マネーに懐疑的な貨幣思想の系譜は、標準的な貨幣観と、その基礎の上に構築された経済学という新しい学問の陰に追いやられてしまっている。……マネーが置き去りにされたために、経済学は大きな盲点を抱え込んでいる。今回の世界的な金融危機（リーマンショック――引用者注）への対応で、経済学がまるで役に立たなかったことが、その何よりの証拠だ。標準的な貨幣観はいったいどのような経済的帰結をもたらしたのか。」

マーティンもまた、マネーの存在を真正面から取り上げてこなかった現代の経済学に対して批判的である。振り返ってみれば、ソディがマネーの経済学を展開していた時期は、多くの経済学者もまた不況、失業、貧困と貨幣の関係を明らかにすることのできる経済学を模索していた時代でもあった。時代は、マーティンの言葉を借りると、再び、「マネーの反乱」の時代となり、わたしたちは「マネーと正面から向き合い、暴走するマネーの鎮圧戦略を必要とする時代」となってきている。それは現代の経済学を改革することでもある。

残された課題

1　ハイエク流の貨幣観を先に紹介したが、彼は銀行間の競争的な貨幣発行を通じて人びとが信頼に足る貨幣を選択する自由主義を主張した。現在は、貨幣＝信用貨幣の発行主体としての銀行ではなく、ビットコインの発行主体を考えるとそもそも貨幣とは何なのかという根本問題が登場せざるをえない。ビットコインの登場は、その技術的側面よりも、貨幣とはわたしたちが普段、貨幣や硬貨で決済手段からは気づかないことを気づかせつつある。いまでは、現金を持たなくても、クレジットカードのようなプラスチックマネー、電子マネーやマイレージなどで決済は可能となっている。さらに最近では、アップルやグーグルも独自の電子決済のサービスを行ってきている。こうしてみると、貨幣とは、その機能、具体的には信頼と信用をもつ譲渡可能な価値情報であることを改めて明らかにしている。

ビットコインは「仮想通貨」ともいわれる。現実には、ウェブ上の両替所でドル、ユーロや円などの法定通貨をビットコインで購入して、このビットコインでの決済を認めているネット上のサイトで商品の購入が可能である。ビットコインの発行や決済は、利用主体間の分散的ネットワークで行われ、特定の中央管理組織があるわけではない。過去の取引データは記録され、個々人が取引の推移をチェックできる。はたして、ビットコインは法定通貨や中央銀行の支配する貨幣システムをどのように変革していくのか。

金融エコノミストの岩村充は、『中央銀行が終わる日――ビットコインと通貨の未来――』で、「海外とりわけ米国ではビットコインは『普通』になっているようです。マイクロソフトやデルコンピュータなどのIT企業が、あるいは大手旅行サイトのエクスペディアがビットコイン決済を導入するなどということは、とりたてて驚くような話しではなくなっています。そうした状況が荒っぽい価格の動きとは違う、堅実な取引量の増加となって表れていたように思います。ビットコインは、熱狂と混乱から日常へ変化したわけです」とした上で、「ビットコインはビットコインとして、円やドルと同じように独立した『金融システム』あるいは『通貨系』を創ることができるはずなのである」と展望する。岩村のいうように、既存の決済手数料よりも低価であり、安定した決済システムであれば、現在の法律的規制が緩和されれば、仮想通貨といわれながらも、実物貨幣として、あるいはクレジットカードの代替決済手段としてさらに普及する可能性もある。岩村もこの点について、「全世界でのクレジットカード決済件数は、ビザやマスターなどのグローバルブランドで数億件といわれているようですから、ビットコインがクレジットカード並みに普及すれば、まんざら非現実的な数字でもない」とみる。

ソディの著作には、生物としての人間の生存条件としてのエネルギーという鍵用語がよく登場する。ソディの貨幣観もそうしたエネルギー観を反映したものであった。貨幣もエネルギーも循環する存在であり、エネルギーも交換され、蓄積されるには、まずはもってそれが循環されなければならない。しかし、実物のエネルギーとの対比では、ソディは貨幣を仮想的なものとらえた。貨幣もまたエネルギー法則から逸脱しえない存在であると考えられたのだ。ソディは貨幣について、その本質を一貫して「債務」としてとらえ続けた。歴史的に振り返ってみれば、どの地域の歴史を探っても、債務はその社会の人間関係の根本に成立していたことは忘れがちである。贈与社会も含めて、「借りがある、貸しがある」という関係は硬貨などが登場するはるか以前に成立していた。

一般に、貨幣史的には、最初の貨幣は現在のトルコ領の紀元前七世紀あたりに存在した小さな王国で硬貨が発掘された——もし、他の地域で発掘されれば、その起源はさらに昔に遡られるだろうが——ことで、その社会のあり方が探られた。必然、その王国の経済的交流圏が広がるに従って、硬貨は便利な交換媒体手段として認知されたことだろう。さらに発掘によって、その硬貨が地理的にどこまで流通していたかも判明するだろう。

やがて、硬貨に権力者などの肖像などが刻印されたことは、その社会の権力構造＝政治と経済——改鋳も含め——の強い結びつきが成立したことを示唆する。紙や印刷技術の登場とともに、ハードマネーである硬貨に対して、紙幣といういわゆるソフトマネーが登場する。貨幣史とは、そこに刻印される文字の発明と登場の文字史、数字の登場とその計算技術である数学史、それを貸し借りという項目でシステムにとらえる技術の会計史、硬貨の製造を促した金属加工という技術史や化学史と見事なまでに重なり合う。貨幣とはまさに人類文化史の上に成立している存在である。そして、貨幣は経済主体間の取引媒体から価値築造手段として、さらには銀行を媒介として、目に見えないお金の流れを象徴する信用貨幣というかたちとして、エネルギー法則とは独立した存在として、とりわけ、債務の一層の貨幣化の下でわたしたちのまわりに存在するようになった。

2

貨幣は政治と経済を密接に結びつける社会的存在である。貨幣は政府の財政運営にとって大きな意味をもってきた。貨幣史は政府の財政史とも重なる。政府の財政規模は、戦争や恐慌時の政治的かつ経済的混乱を収束させるために拡大し、その都度ごとに、貨幣をとりまく制度は変更されてきた。ところで、貨幣論はもっぱら経済学において論じられてきた。しかし、本書を通じて繰り返し強調してきたのは、その社会的な存在であり、その社会の構成原理や組織のあり方と無関係に、単なる経済行為を媒介する存在ではなかったことである。貨幣の発生は、腐食を免れた材質によるコインが発見されるごとに、その物質的な起源が探られ、その存在がいつから始まったかが論じられてきた。

日本でも、最初は麻やのちに絹などの布、生活必需品としての塩や米などが使われ、やがて硬貨が使われ、八世紀初頭には「和同開珎」が使われるようになったといわれる。現在の研究ではこれ以前にも硬貨が使われるようになっていることも分かってきている。貨幣史家の高木久史は、日本を含んだアジア全域さらには欧州との金属貨幣の貿易関係、その時代の政権の政治のあり方——財政——の変容などの研究を通じて、日本はアジアのなかでもきわめて早い時期から貨幣——硬貨だけでなく紙幣（私紙や藩札）も含め——の普及をみた社会であったとみる。貨幣の発行量から見た場合、明治維新の近代化の前に、日本社会では貨幣が広く普及していたのである。高木は『通貨の日本史──無文銀銭、富本銭から電子マネーまで──』で、一八世紀の東アジアでの通貨量の統計研究を踏まえた上で、つぎのように指摘する。

「一八〇〇年ごろの日本・朝鮮・中国を比較すると、人口一人あたりの通貨の総量は日本が最も多い。日本の貨幣経済化が進んでいたことを示す。一人あたりの銭の流通量は中国・日本・朝鮮の順である。日本では金貨・銀貨・銭を併用したが、朝鮮・中国は金貨を使わず、高額取引でも銭を使ったことによる。」

とはいえ、使われなかった金貨が、江戸幕府の瓦解状況と日米修好条約の締結で、世界的な金銀交換比率の問題や日本からの流出問題が大きな外交課題となったことは周知のことである。いずれにせよ、新生明治政府は、新たな国内インフラ整備や国内治安維持のための軍備増強など財政問題のやりくりに苦慮しながら、維新後のそれまで存在しなかった円（圓）通貨の新設や銀行券──銀行発行の金貨兌換の債務証書──の発行など貨幣制度の成立に腐心した。とはいえ、一連の新制度が、いわば試行錯誤を繰り返すなかで難なく定着したわけでもなかった。日本も一八九〇年代の世界的な金本位制の潮流のなかで、日本と同様に銀本位国であったアジアの大国インドもまた金本位制へ移行したことで、金本位制への移行が試行されていく。この大きな流れをつくったのは、明治二七（一八九四）年の日清戦争であった。日本は清国から賠償「金」を得たことで金本位制を確立させ、日本銀行券は金貨兌換券となった。

ソディは、著作ではこの金本位制の廃止と変動相場制の採用を提案している(*)、ソディ自身は英国の金本位制は日本が得た賠償金によっても維持されていたことにはふれてはない。高木の指摘のように、日本は清国からの賠償金を世界の金融市場の中心地であったロンドンで受け取り、東京の日本銀行の金庫に置いたわけではなく、ロンドンにポンド建て預金として置き、国際取引においてはポンド建ての為替手形で支払った。

＊　ソディと同じオックスフォード大学関係者のケインズもまた、ソディと同様に、当時にあって、金本位制の問題点と限界、変動相場制への移行を論じている。実際に、ソディとケインズが意見交換を行うような関係にあったのか、あるいは、面識がなくとも、互いにその著作などに目を通していたのかは、わたしには定かではないが。その主張には共通点があるのは、英国経済擁護の立場からではなかったろうか。共通点ということでは、各国の貿易などを通じた金の保有量の変動に応じた為替相場の決定ではなく、それぞれの国の物価水準に応じた交換レートの設定や、物価水準の安定化などの考え方である。

ケインズは一九二四年の『貨幣改革論』（邦訳『お金の改革論』）で、インフレとデフレ、貨幣数量説、資本課税、通貨変動、為替レート理論、購買力平価理論などを紹介した上で、当時の金本位制への復帰の議論について、「金本位制の復活（そのレートは戦前の水準だろうと他のレートだろうと）は、明らかに国内物価の完全な安定性は与えてくれない。他の国がすべて金本位制に戻れば、外国為替レートの完全な安定性は与えてくれるだけだ。……実務的に黄金がそれなりに安定した価値の基準を提供したし、今後もそうしてくれるという論拠、そして実務的に管理当局が十分な知恵を持っていないことも多いので、管理通貨は遅かれ早かれ残念な結果になるという論拠だ。（中略）……正直言って、金本位制はすでに野蛮な遺物でしかない。イングランド銀行総裁以下あらゆる人々は、いまや事業や物価や雇用の安定性確保に主に興味があって、どうしても選択しろと言われたら、意図的にこうしたものを犠牲にしてまだ、破綻したドクマを採用することはたぶんないだろう」と指摘している。

必然、一九一八年に英国政府の「戦後通貨と外国為替に関する委員会」――いわゆるク（カ）ンリフ委員会――の金本位制復帰へは、ケインズは同委員会報告書が「物価水準安定性の問題が一切触れられていない」としてきわめて批判的であった。ケインズは「『クンリフ報告』は、すでに絶滅してほとんど忘れられた思想秩序に属する。こんな考え方をする人はもはやほとんどいない」とした。ケインズは、政府の経済政策の目標は、物価と雇用の安定であると明言して、そのために紙幣量をどのようにコントロールするかが重要であると指摘した。

また、ケインズは金本位制がすべてを解決すると考えることについて、「法定通貨を黄金の各種むら気にすべて黙って従わせ、その実質購買力の予想できない将来変動に委ねる必要はないと強く主張したいのだ」と結論づけた。

なお、当時の英国経済の内外の現状については、①「国内物価水準は、おおむね市中銀行、それも主にビッグファイブが創り出す信用量によって決まる」、②「現金は、銀行券やカレンシーノート（政府紙幣）というかたちで、信用創造規模と①で述べた国内物価水準により、必要となる量を好き勝手なだけ供給できる」、③「イングランド銀行の黄金は動かない」、④「外国為替レートは規制されず、放置されている」と紹介している。物価水準の把握については、ソディと同様に「複合商品価格を反映した公式の指数」の必要性が主張された。

ジョン・メイナード・ケインズ（山形浩生訳）『お金の改革論』講談社（二〇一四年）。

英国は自らの金本位制の維持のためには、日本の金をも必要としたのだ。その後の展開は、ソディもふれているように、第一次世界大戦の勃発によって膨張を続けた交戦国の軍事支出のために、各国とも自国からの金流出を抑え、金輸出や金貨への兌換を停止させ、実質上の管理通貨制度を採用することになる。この時の経験は、ソディだけではなく、ケインズなどの経済学での通貨や貨幣への見方に大きな影響を及ぼしたのは間違いない。

日本やアジアでの貨幣の変遷を探ってきた貨幣史家の高木は、金属素材等を全く使わない電子マネー、企業などのポイント——マイレージ——、仮想通貨としてのビットコインなどの登場をどのようにみているのだろうか。高木は「電子マネーや仮想通貨の実体は、……電子情報である。我々が五感で確認できるのはデータの痕跡だけであり、それに対応する信用がこれらを成立させている。モノそのものに実用性がなく通貨以外に使えないという点で、かつての金・銀と案外似ている」とむしろ共通点を踏まえた上で、つぎのように指摘する。

「政府がずっと通貨の発行を管理し独占し続けてきたという歴史認識をもとに、政府や中央銀行の管理外にある仮想通貨は通貨として認めるべきではない、と主張する向きがあった。たしかに、政府は発行益を独占するため、『政府が通貨の発行を独占して管理する』というアピールを社会に対し歴史上続けてきた。しかし政府や中央銀行が通貨の発行をここまで管理するようになったのは、歴史上ごく最近のことである。……歴史はむしろ、民間が創造した通貨を政府が追認し採用する繰り返しでもあった。……

一方、民間独自の通貨製造・発行であるとして、電子マネーや仮想通貨などを通貨史上の革新と見なす向きもある。これはこれで正しくない。たしかに技術は新しくなったが、民間が独自に通貨を発行することは歴史上しばしばあった。

かつては、一国一通貨の制度や、さらには国家を超えた統合こそが通貨の理想である、といわれることがあった。しかしこれらも歴史上の通貨システムの一類型にすぎない。」

現在では、多くの人たちは中央銀行の存在やその銀行券＝法定通貨も、ある意味では空気のような存在であり、電子マネーの登場によって現物貨幣を使わずに、日常生活を送ることも可能である。貨幣は空気のようだ。空気がなければ、わたしたちは窒息し、生存することはできない。しかし、この事態は、恐慌という現物貨幣＝現金の欠乏によって、経済活動が酸欠状態に陥ったようになることを知らしめる。過去の多くの恐慌は過剰生産が原因としても、その表出形態はつねに金融恐慌のかたちをとった。

米国については、一九二九年の大恐慌だけが大きく取り上げられる。だが、連邦準備制度理事会のような中央銀行制度のなかった一九世紀初頭から二〇世紀の初頭にかけての一世紀の間に、十数回の金融危機＝金融恐慌が発生している。経済学者のブルナーとカーは、『一九〇七年恐慌──市場の大嵐から学んだ教訓──』（邦訳『金融恐慌一九〇七──米FRB創設の起源とJ・Pモルガン──』）で、一九二九年のいわゆる大恐慌以前において最も深刻であった一九〇七年の金融恐慌で、経済基盤の小さな銀行間の信用取引に成立しているような当時の金融システム、ニューヨークなど大都市の信託会社などの金融機関のあり方、都市と農村の地域の小銀行との不均衡な資金関係などから、当時の金融システムの脆弱な構造を明らかにする。ブルナーたちの著作は、今回のサブプライム問題に端を発するリーマンショックの直前に書かれたものであるが、リーマンショックに象徴される構造的問題のいくつかを明らかにしていた。興味あるのは、現金という現物貨幣と銀行によって生み出される信用貨幣との想像を超えるような不均衡な関係もさることながら、後述するように、ニューヨーク市などの都市財政の悪化などと金融市場との関係(*)である。

＊　ブルナーたちの指摘する七つの要因のほかに、わたし自身が気になるのは、ニューヨーク市などの赤字財政と公債依存度の高さである。これも当時の金融恐慌をもたらす重要な引き金の一つであり、現在の日本の金融市場などを考える場合、無視できない要因となってきている。とりわけ、わたしたちは、地方財政の悪化、さらには国家自体の財政悪化と現在の金融・証券システムとの関係の健全性とは何であるのかを問う必要がある。

だからといって、ブルナーたちは従来のような規制の復活とか新たな規制の導入を提案していない(*)。それは、金融恐慌が市場経済体制下のある種の必要コストであると考える見方からきているのだろう。ブルナーは一九〇七年の「完璧な嵐」のような金融恐慌は、彼のいう七つの要素がすべて重なりあった結果であって、その結果、金融恐慌を解決する「緩衝機能の欠如や協調行動の欠如」によってむしろ増幅されたとみる。

＊　こうした見方の背景には、米国人のポピュリズム的思考だけではなく、リバータリアン的な社会思想の底流も見ておく必要がある。

とりわけ、ブルナーが重視するのは情報の不完全性＝情報の非対称性＝情報の非共有性であり、情報公開と個人や企業の創造的な対応に期待を寄せる。ブルナーたちはつぎのように指摘する

「個人や企業や市場のほうが、金融システムの暴走を抑制したがる人々よりも、大胆で創造的である。……政府の介入によって、市場のプレイヤーの側が、いざとなれば政府が助けてくれると強く思うようになるなどのモラルハザードが起き、それが市場の不安定要因となることもある。したがって、私たちは軽率に規制強化を求めるべきではない。規制当局が対象業種を規制することに没頭してしまいかねないからだ。……民間市場は絶えず革新しているのに、規制当局は、やり慣れた方法で民間企業をコントロールしようとする傾向がある。……もう一つ、企業や雇用や産業を守るために納税者にコスト負担を強いるのは、あまりにも安易である。私たちは全くリスクのない社会の実現のためにカネを払うつもりがあるだろうか。」（雨宮寛・今井章子訳）。

こうした考え方は金融恐慌が繰り返される中で、自由経済の下では周期的に金融恐慌が起こってきたことを思い起こさせる。恐慌は、どの程度の制度的対応で、その被害を最小限に押しとどめることができるのか。英国エコノミスト誌の編集長として知られたウォルター・バジェットは、英国金融市場の優秀な観察者でもあり、その識見は名著『ロンバート街——金融街の解説——』で縦横無尽に開陳されている。バジェットが

注目したのは信用貨幣を生み出す銀行の預金準備率の高低によって、金融恐慌を回避できるのかどうかであった。これはソディの銀行論ではきわめて高い準備率を課して、信用貨幣の創出を抑えることで、仮想的な富である利息を抑制することに通じる。ただし、バジェットの想定する準備率は、ソディの高さとは比べものにならないほど低い。同時に、ソディが論じることのなかった金利の景気動向に及ぼす影響を認識していた。バジェットは当時の状況について、前掲書でつぎのように指摘している。

「銀行支払い準備の管理について、現在のところ認められている適切なルールがないからである。調査されたイングランド銀行総裁のなかで、もっとも最近にこの職を務めたトマス・ウェリゲン氏は、同銀行はその銀行業務章の負債の四分の一から三分の一の準備を保有すれば充分であると述べた。しかし、現在では、支払い準備が負債の四分の一ほどだったら、それで納得する者はひとりもいないだろう。」（久保恵美子訳）。

準備額が重要であるのは、バジェットが過去の金融恐慌の実態を振り返ってのことであり、「イングランド銀行が保有すべき準備額を決定するには、まず抽象的な原則をより明確に解釈しておかねばならない。銀行が準備を保有しなければならないのは、一部の負債について即時の支払いを求められる可能性があるからであり、どの銀行もその勘定を公表しているのは、その銀行が負債を返済できるだけの現金や流動性のある担保を保有していることを、大衆に納得させるためである」とされた。いまや、「銀行が負債を返済できるだけの現金や流動性のある担保を保有」する規模をはるかに超えた信用貨幣が実物経済をも凌駕する時代に、わたしたちは生きている。すくなくとも、リーマンショックはこのことを如実に物語る金融恐慌であった。各国の中央銀行もバジェットの考察対象となったイングランド銀行と同様に、いわゆるバジェット・ルール(*)

の想定した金融システムのセーフティネットはきわめて脆いものでもあった。しかも、すでに何度も指摘したように、各国の政府の財政支出は公債依存度の高い政府債務に支えられたものであり、その多くは中央銀行の実質引き受けであった。

＊　ここでいうバジェット・ルールは、恐慌時には、中央銀行――英国銀行――が高金利による貸付を受け付けることに加え、信用不安を鎮静化させるためにできるだけ可能な貸付に応じること。

バジェットが亡くなった年の半年後に、ソディは生まれた。ソディは、むろん、バジェットとの直接の邂逅はなかったが、彼の著作を通じて英国の金融制度や金融市場、とりわけ、銀行による信用創造のあり方とその問題点を多く学んだに違いない。多く学んでいないのは、現在の私たちかもしれない。ソディが生きた時代は、後に技術と戦争の世紀と呼ばれるように、その幕開けは政治と経済のアンバランスの始まりでもあった。ソディはなぜ科学の発展によって生産量が上がったにも拘わらず、貧困問題が解決されず、むしろ貧富の格差が拡大しつつあるのに、富の分配問題が真剣に検討されないことに根本的な疑問を突き付けた。

ソディが問題視した仮想的な経済は、いまではインターネットの電子空間と情報処理スピードが格段に早くなったコンピュータを利用した金融工学によって、さまざまな金融商品の目に見えない経済空間を形成するようになっている。実物経済の成長をはるかにこえる仮想的な電子空間の経済がそこにある。

3

貨幣というのはまるで空気のようなものである。普段、わたしたちはその存在を意識しない。意識するのは、自らが高い山に登ったり、あるいは海に潜ったりしたときに空気＝酸素の有難さを感じる。だが、空気がこの地球上でどのように生み出され再生産されているのかについてまで、真剣に考えをめぐらすこともまたほとんどない。経済学においても同様であり、それはきわめて抽象的な物々交換制度から派生したあたりで、貨幣発生史論(*)は済まされてきた。だが、他方で世界各地での人びとの生活史を丹念に掘り起こしてきた文化人類学者の多くは、アダム・スミス以来の史実としての貨幣の物々交換派生論にはきわめて否定的である。文化人類学では、貨幣とは人びとの生活——贈与経済であっても——における道徳(モラル)的な関係を含んだ負債であり、共同体などでの義務とは明確に異なるのは、義務は数量化あるいは計量化できない社会的規範のものであるのに対し、負債はなんらかのかたちで数量化、あるいは計量化しようという意向を含んだものであることだ。

＊ 文化人類学者のデヴィッド・グレーバーは、『負債論——貨幣と暴力の五〇〇〇年——』(高祖岩三郎・佐々木慶子訳)で負債論という視点から「貨幣こそが負債を可能にするというだけではない。貨幣と負債はまったく同時に登場している。……(メソポタミアの銘版などを参考にして——引用者注)モラル哲学の最初期の文書のいくつかは、モラルを負債として想像すること、つまりそれを貨幣という観点から想像することがなにを意味するのか……したがって負債の歴史とは必然的に貨幣の歴史なのである。そして負債が人間社会においてはたしてきた役割を理解する最もかんたんな方法は、幾世期にもわたり貨幣がまとってきた形態とその使われ方——そして後追いであらわれたそうした事象の意味についての議論——をたどることである。なお、これは必然的に、わたしたちが慣れ親しんできたものとは大変異なった貨幣の歴史になるだろう。(中略)物々交換からはじまって、貨幣が発見され、そのあとで次第に信用システムが発展したわけではない。事態の進行はまったく逆方向だったのである。わたしたちがいま仮想貨幣とよんでいるものこそ、最初にあらわれたのだ。硬貨の出現はそれよりはるかにあとであって、その使用は不均等にしか拡大せず、信用システムに完全にとってかわる

にはいたらなかった。……歴史的にみれば物々交換は、現金取引に慣れた人びとがなんらかの理由で通貨不足に直面したときに実践したものなのだ。」

したがって、古代的な世界の生活史を明らかにしようとしてきた文化人類学者の発見は、貨幣史とは負債発生史でもあることを傍証したことだ。負債の尺度としての貨幣はどのような形態をとろうと、すでに仮想的な社会通念として存在していたのではないか。その後、歴史において、負債というかたちが借用書というかたちで、信用を形成し、最終的に国家という存在がその信用通貨の流通を保証するかたちとなっている。この意味では、ソディは貨幣とは何かを通して、エネルギーなどから産み出された実際の富とは何か、信用通貨によって生まれてきた仮想的な富とは何かを問い、その乖離は利息という人工的法則によってますます拡大することが、わたしたちの社会が当面する失業と貧困の解決につながるのかどうかをするどく問いかけた。ソディの問いが示すように、仮想的な富がさらに仮想的な富を生み、それがどのような帰結をもたらしたのかは、二〇〇八年九月に米国の投資銀行リーマン・ブラザーズの破たんが世界経済にもたらした影響の大きさで証明済みである。

実際の商品生産に結びついた実物経済の規模をはるかに上回る信用貨幣が生み出す仮想的な富は、異なる通貨だけではなく、農作物、エネルギーなどを投機の対象として取り込まざるをえないまでにその規模を拡大させてきている。しかし、そうした富はあくまでも銀行などのバランスシート上の数字の存在であり、実際に実物経済で生み出され、交換対象となりうる商品の総額をはるかに超える。あらためて、ソディの提起した「貨幣」、「富」そして「仮想的な富」の関係性を再考せずには、わたしたちはこれからの経済社会の明るい展望を描けない時代となっている。

あとがき

フレデリック・ソディは、アイソトープ（同位体、同位元素）の発見者・命名者である。その名はノーベル化学賞の受賞者リストや化学史の片隅にその名を留める。わたしとて学生時代は化学専攻であったことで、ソディの名前だけはかろうじて知っていた。ソディが経済学で著作を残していることを知るのは、ハーマン・デイリーなどの著作にふれるようになってからだ。要するに、ここ数年間のことである。なぜ、ソディという人物が化学者から経済学者へと転じたのか、その理由に興味と関心をもった。化学＝科学法則を突き詰めれば、その先に経済学へと向かう何かがあったのかどうか。化学から経済学へと転じたうちの一人であるわたしも関心をもった。

この問いに対するわたしなりの答えは、「八対二」ということになる。説明をすると、ソディには元来、社会、政治、したがって、経済へのそれなりの興味があったようだ。ソディには、化学を通じて生産の物理的側面に関わる科学法則を探り、その視点から物事の本質を理解しようという科学者としての職業観が作用したのではないだろうか。前者が八〇パーセント、後者が二〇パーセントほどの割合ではなかったかというのがわたしの見方である。ソディの最初の著作、著作というよりも四〇ページすこしのパンフレットのような大学での講義録に、そのような片鱗がみてとれる。

ただし、ソディの論述は科学者らしく理路整然としたものではない。ソディは、ときにギリシャ・ローマ時代へと飛び、ときにケインズなど当時の経済学者の言動へと舞い戻る。彼はケインズ以外にも一九世紀後半、二〇世紀初頭の英国の経済学者たちの著作や考え方にも言及する。そのほとんどは、わたし自身、読んだこともなかったし、また、経済学史にも全く登場していない人物たちである。彼らの多くは、ソディと同様に元々経済学者であったわけではなく、哲学や心理学など他の分野から経済学へと歩を進めた人物などである。当時にあって、大きく変化していた英国社会の動態をとらえるには、ソディは経済学の分析だけで不十分とみたのだろう。

科学者ソディは、経済学の著作においては、自分の所説を展開するのに、必ずしも適切とはいえないような事例を挙げたり、急に科学法則へと飛んだりする。さまざまな社会事象は、ソディの頭のなかの思考回路でいったん整理されても、文章化されていない。ソディの著作には科学者らしい平明さはなく、むしろ直情径行的な文章である。正規の経済学教育を受けた者にとっては、ソディの用語と経済学概念に慣れるまで苦労させられる。だが、魅力ある問題提起がそこにある。

経済学とは、単なる貨幣変動の分析学であるわけではない。ソディの著作がそうであるように、そこには経済学の諸前提に根本的な問いかけがなければならない。リーマンショック以来、わたしたちの経済のあり方が問われてきた。とくに、金融資本化した経済システムが問題視され、その是正措置が経済制度として模索される。実際には貨幣とは何か、さらにはスリーマイル島、チェルノブイリの原発事故、福島第一原発事故などが問題提起したエネルギー問題等々、ソディ経済学は、わたしたちが基本の基本を真剣に考察することなくして、すべてを済ましてきたことを改めて思い起こさせてくれる。

とはいえ、ソディの著作は難解である。というよりも、彼自身もどこまで整理し納得して文章にしたのだろうか。正直なところ、わたし自身も彼の著作を何度も投げ出したいと思ったことだろうか。キンドル——

電子書籍――に彼の著作をダウンロードしてよく持ち歩いて、何度も読み直した。なんとか彼の言わんとするところの何分の一かでもとらえていることができれば、幸いである。編集の細々とした作業では信山社の渡辺左近氏にお世話になった。感謝申し上げたい。

二〇一八年九月

寺岡　寛

参考文献

日本語文献

【あ行】

アイスラー、リーアン（野島秀勝訳）『聖杯と剣——われらの歴史、われらの未来——』法政大学出版、一九九一年
同（中小路佳代子訳）『ゼロから考える経済学——未来のために考えておきたいこと——』英治出版、二〇〇九年
会田慎一『ゲゼル研究——シルビオ・ゲゼルと自然的経済秩序——』ぱる出版、二〇一四年
アクゼル、アミール（久保儀明訳）『ウラニウム戦争——核開発を競った科学者たち——』青土社、二〇〇九年
芦田正巳『熱力学を学ぶ人のために』オーム社、二〇〇八年
アシモフ、アイザック（玉虫文一・竹内敬人訳）『化学の歴史』筑摩書房、二〇一〇年
アタリ、ジャック（的場昭弘訳）『ユダヤ人、世界と貨幣——一神教と経済の四〇〇〇年史——』作品社、二〇一五年
アトキンス、アンソニー（山形浩生・森本正史訳）『二一世紀の不平等』東洋経済新報社、二〇一五年
アトキンス、ピーター『エントロピーと秩序——熱力学第二法則への招待——』日経サイエンス社、一九九二年
同（斉藤隆央訳）『万物を駆動する四つの法則——科学の基本、熱力学を究める——』早川書房、二〇〇九年
アレン、フランクリン・ヤーゴ、グレン（藤野直明監訳、空閑裕美子訳）『金融は人類に何をもたらしたか——』東洋経済新報社、二〇一四年
伊藤邦武『経済学の哲学——一九世紀経済思想とラスキン——』中央公論新社、二〇一一年
今村仁司『貨幣とは何だろうか』筑摩書房、一九九四年

岩崎信彦・廳茂編『「貨幣の哲学」という作品――ジンメルの価値世界――』世界思想社、二〇〇六年
岩田秀仝『銀の世界史』筑摩書房、二〇一六年
岩村充『貨幣進化論――「成長なき時代」の通貨システム――』新潮社、二〇一六年
同『中央銀行が終わる日――ビットコインと通貨の未来――』新潮社、二〇一六年
上田信『貨幣の条件――タカラガイの文明史――』筑摩書房、二〇一六年
ヴェルナー、ゲッツ（渡辺一男訳・小沢修司解題）『ベーシック・インカム――基本所得のある社会へ――』現代書館、二〇〇七年
同（渡辺一男訳）『すべての人にベーシック・インカムを――基本的人権としての所保障について――』現代書館、二〇〇九年
ウォルフソン、マーティン（野下保利・原田善教・浅田統一郎訳）『金融恐慌――戦後アメリカの経験――』日本経済評論社、一九九五年
内橋克人編『経済学は誰のためにあるのか――市場原理至上主義批判――』岩波書店、一九九七年
内山節『貨幣の思想史――お金について考えた人びと――』新潮社、一九九七年
同『怯えの時代』新潮社、二〇〇九年
宇野弘蔵『恐慌論』岩波書店、二〇一〇年
大黒弘慈『模倣と権力の経済学――貨幣の価値を変えよ〈思想史篇〉――』岩波書店、二〇一五年
オルレアン、アンドレ（坂口明義訳）『価値の帝国――経済学を再生する――』藤原書店、二〇一三年

【か行】

春日淳一『貨幣論のルーマン――〈社会の経済〉講義――』勁草書房、二〇〇三年
カーソン、レイチェル（青樹簗一訳）『沈黙の春』新潮社、一九七四年

加藤邦興『化学の技術史』オーム社、一九八〇年
柄谷行人『内省と遡行』講談社、一九八八年
川波洋一『貨幣資本と現実資本――資本主義的信用の構造と動態――』有斐閣、一九九五年
河邑厚徳＋グループ現代『エンデの遺言――根源からのお金を問うこと――』講談社、二〇一一年
萱野稔人編『ベーシックインカムは究極の社会保障化』堀之内出版、二〇一二年
河宮信郎『必然の選択――地球環境と工業社会――』海鳴社、一九九五年
同『成長停滞から定常経済へ』勁草書房、二〇一〇年
ケインズ、ジョン・メイナード（山岡洋一訳）『ケインズ説得論集』日本経済新聞社、二〇一〇年
同（山形浩生訳）『お金の改革論』講談社、二〇一四年
同・ハロッド（宮崎義一訳）『世界の名著　第五七巻（ケインズ・ハロッド）』中央公論社、一九七一年
ケーネカンプ、ロザモンド・丸山徹（内川智子・中山千佐子訳）『ジェヴォンズ評伝』慶応通信、一九八六年
グレーバー、デヴィッド（高祖岩三郎・佐々木夏子訳）『負債論――貨幣と暴力の五〇〇〇年――』以文社、二〇一六年
クロソウスキー、ピエール（金子正勝訳）『生きた貨幣』青土社、二〇〇〇年
経済理論学会編『季刊経済理論』第四九巻第二号（ベーシック・インカム論の諸相――これからの日本社会を展望して――）桜井書店、二〇一二年
黒田明伸『貨幣システムの世界史――〈非対称性〉をよむ――』岩波書店、二〇一四年
桑田学『経済的思考の転回――世紀転換期の統治と科学をめぐる知の系譜――』以文社、二〇一四年
国際銀行史研究会編『金融の世界史――貨幣・信用・証券の系譜――』悠書館、二〇一二年
ゴッフ、ジャック（渡辺香根夫訳）『中世の高利貸――金も命も――』法政大学出版局、一九八九年

【さ行】

佐々木孝明『不況学の現在』山川出版社、二〇〇九年

佐藤俊幸『コミュニティ金融と地域通貨――我が国の地域の状況とオーストラリアにおける地域再生の事例――』新評論、二〇〇五年

島田裕己『金融恐慌とユダヤ・キリスト教』文藝春秋、二〇〇九年

シェイクスピア、ウィリアム（福田恆存訳）『ヴェニスの商人』新潮社、一九六七年

シュタイナー、ルドルフ（西川隆範訳）『シュタイナー経済学講座――国民経済から世界経済へ――』筑摩書房、二〇一〇年

シューマッハ、エルンスト（小島慶三・酒井懋訳）『スモールイズビューティフル――人間中心の経済学――』講談社、一九八六年

同（酒井懋訳）『スモールイズビューティフル再論』講談社、二〇〇〇年

同（長洲一二監訳・伊藤拓一訳）『宴のあとの経済学』筑摩書房、二〇一一年

ショア、ジュリエット（森岡孝二訳）『プレニテュード――新しい〈豊かさ〉の経済学――』岩波書店、二〇一一年

ジョージェスク＝レーゲン、ニコラス（高橋正立・神里公訳）『エントロピー法則と経済過程』みすず書房、一九九三年

新川健三郎編『ドキュメント現代史五・大恐慌とニューディール――』平凡社、一九七三年

ジンメル、ゲオルグ（北川東子編訳・鈴木直訳）『ジンメル・コレクション』筑摩書房、一九九九年

同（居安正訳）『貨幣の哲学』（新訳版）白水社、二〇一六年

スキデルスキー、ロバート・エドワード（村井章子訳）『じゅうぶん豊かで、貧しい社会――理念なき資本主義の末路――』筑摩書房、二〇一四年

菅付雅信『物欲なき世界』平凡社、二〇一五年
スミス、アダム（水田洋監訳・杉山忠平訳）『国富論』（一）〜（四）岩波書店、二〇〇一年
セガール、カビール（小坂恵理訳）『貨幣の新世界史――ハムラビ法典からビットコインまで――』早川書房、二〇一六年
関曠野『なぜヨーロッパで資本主義が生まれたか――西洋と日本の歴史を問いなおす――』NTT出版、二〇一六年
セネット、リチャード（斎藤秀正訳）『それでも新資本主義についていくか――アメリカ型経営と個人の衝突――』ダイヤモンド社、一九九九年
ゾンバルト、ヴェルナー（金森誠也訳）『戦争と資本主義』講談社、二〇一〇年

【た行】

高木久史『通貨の日本史――無文銀銭、富本銭から電子マネーまで――』中央公論新社、二〇一六年
高島善哉『経済社会学者としてのスミスとリスト』如水書房、一九五三年
武川正吾編『シティズンシップとベーシック・インカムの可能性』法律文化社、二〇〇八年
槌田敦『弱者のための「エントロピー経済学」入門』ほたる出版、二〇〇七年
土屋荘次『はじめての化学反応論』岩波書店、二〇〇三年
ディリー、ハーマン（新田功・藏本忍・大森正之訳）『持続可能な発展の経済学』みすず書房、二〇〇五年
同・ファーレイ、ジョシュア（佐藤正弘訳）『エコロジー経済学――原理と応用――』NTT出版、二〇一四年
デカルト、ルネ（桂寿一訳）『哲学原理』岩波書店、一九六四年
同（谷川多佳子訳）『方法序説』岩波書店、一九九七年
同『情念論』岩波書店、二〇〇八年
堂目卓生著『アダム・スミス――「道徳感情論」と「国富論」――』中央公論新社、二〇〇九年

【な行】
ナイム、アリー・ベン（小野嘉之訳）『エントロピーの正体』丸善出版、二〇一五年
中村修『なぜ経済学は自然を無限ととらえたか』日本経済評論社、一九九五年
野田又夫編『デカルト』（『世界の名著』第二二巻）中央公論社、一九六七年

【は行】
ハイエク、フリードリッヒ（池田幸弘・西部忠訳）『貨幣論（ハイエク全集）』春秋社、二〇一二年
バジェット、ウォルター（久保恵美子訳）『ロンバード街――金融市場の解説――』日経BP社、二〇一一年
原田泰『ベーシック・インカム――国家は貧困問題を解決できるか――』中央公論新社、二〇一五年
日高晋『経済原論』有斐閣、一九八三年
広井良典『定常型社会――新しい「豊かさ」の構想――』岩波書店、二〇〇一年
廣田裕之『シルビオ・ゲゼル入門――減価する貨幣とは何か――』アルテ、二〇〇九年
　同『改訂新版・地域通貨入門――持続可能な社会を目指して――』アルテ、二〇一一年
ヒルファーディング、ルドルフ（岡崎次郎訳）『金融資本論（上）』岩波書店、一九五五年
降旗節雄『貨幣の謎を解く――価値形態論から現代金融まで市場経済の貨幣論的分析――』白順社、一九九七年
ベニュス、ジャニン（山本良一監訳・吉野美耶子訳）『自然と生体に学ぶバイオミニクリー』オーム社、二〇〇六年
ヘンダーソン、ヘーゼル（田中幸夫・土井利彦訳）『エントロピーの経済学――もうひとつの未来を創る――』ダイヤモンド社、一九八三年
フィッツパトリック、トニー（武川正吾・菊池英明訳）『自由と保証――ベーシック・インカム論争――』勁草書房、二〇〇五年
フランケル、S・ハーバート（吉沢英成監訳）『貨幣の哲学――信頼と権力の葛藤――』文眞堂、一九八四年

ブルナー・F、ロバート・カー・D、ショーン（雨宮寛・今井章子訳）『金融恐慌　一九〇七――米FRB創設の起源とJ・P・モルガン――』東洋経済新報社、二〇一六年
古山明男『ベーシック・インカムのある暮らし――〝生活本位制マネー〟がもたらす新しい社会――』ライフサポート社、二〇一五年
ヘルマン、ウルリケ（猪股和夫訳）『資本の世界史――資本主義はなぜ危機に陥ってばかりいるのか――』太田出版、二〇一五年
ホーケン、ポール、ロビンス、エイモリ他（佐和隆光監訳・小幡すぎ子訳）『自然資本の経済――「成長の限界」を突破する新産業革命――』日本経済新聞出版社、二〇〇一年
ボブズバウム、エリック（柳父圀近・長野聡・荒関めぐみ訳）『資本の時代（一）――一八四八～一八七五――』みすず書房、一九八一年
同（松尾太郎・山崎清訳）『資本の時代（二）――一八四八～一八七五――』みすず書房、一九八二年
同（野口建彦・照子訳）『帝国の時代（一）――一八七五～一九一四――』みすず書房、一九九三年
同（長尾史郎・野口建彦・照子訳）『帝国の時代（二）――一八七五～一九一四――』みすず書房、一九九八年
ポランニー、カール（栗本慎一郎・端信行訳）『経済と文明――ダホメの経済人類学的文明――』筑摩書房、二〇〇四年
同（野口建彦・栖原学訳）『大転換――市場社会の形成と崩壊――』東洋経済新報社、二〇〇九年
ポール、ロン（佐藤研一朗訳）『他人のカネで生きているアメリカ人に告ぐ――リバータリアン政治宣言――』成甲書房、二〇一一年
ボールディング、ケネス（長尾史郎訳）『地球社会はどこへ行く』（上・下）講談社、一九八〇年

【ま行】
前田靖一『財政破綻――ドイツマルク一兆分の一のデノミ――』ミヤオパブリッシュイング、二〇一二年
マクダナー、ウィリアム・ブラウンガート（岡山慶子・吉村英子監修、山本聡・山崎正人訳）『サステイナブルなものづくり――ゆりかごからゆりかごへ――』人間と歴史社、二〇〇九年
マーティン、フェリックス（遠藤真美訳）『二一世紀の貨幣論』東洋経済新報社、二〇一四年
マッキベン、ビル（大槻敦子訳）『ディープエコノミー――生命を育む経済へ――』英治出版、二〇〇八年
眞鍋昭夫・玉木伸介・平山賢一『国債と金利をめぐる三〇〇年史――英国・米国・日本の国債管理政策――』東洋経済新報社、二〇〇五年
マルクス、カール・エンゲルス、フリィードリッヒ（岡崎次郎訳）『資本論書簡（二）――一八四四～一八六六――』大月書店、一九七一年
マルチネス－アリエ、ホワン（工藤秀明訳）『エコロジー経済学――もうひとつの経済学の歴史――』新評論、一九九九年
室田武『エネルギーとエントロピーの経済学――石油文明からの飛躍――』東洋経済新報社、一九七九年
森野榮一『自律経済と貨幣改革論の視点』ぱる出版、二〇一四年
森元孝『貨幣の社会学――経済社会学への招待――』東信堂、二〇〇七年
宮崎正勝『知っておきたい「お金」の世界史』角川学芸出版、二〇〇九年

【や行】
山森亮『ベーシック・インカム入門――無条件給付の基本所得を考える――』光文社、二〇〇九年
米澤潤一『国際膨張の戦後史――一九四七－二〇一三年 現場からの証言――』金融財政事情研究会、二〇一三年
吉沢英成『貨幣と象徴――経済社会の原型を求めて――』筑摩書房、一九九四年

【ら行】

ラスキン、ジョン（飯塚一郎・木村正身訳）『ラスキン』（『世界の名著』）中央公論社、一九七一年

ラッセル、バートランド（堀秀彦・柿村峻訳）『怠惰への讃歌』平凡社、二〇〇九年

ラミス、C・ダグラス『経済成長がなければ私たちは豊かになれないのだろうか』平凡社、二〇〇四年

ランドウ、ジョージ（横山千晶訳）『ラスキン――眼差しの哲学者――』日本経済評論社、二〇一〇年

リエター、ベルナルド（堤大介訳）『マネー――なぜ人はおカネに魅入られるのか――』ダイヤモンド社、二〇〇一年

同（小林一紀・福元初男訳）『マネー崩壊――新しいコミュニティ通貨の誕生――』日本経済評論社、二〇〇二年

リグリィ、エドワード（近藤正臣訳）『エネルギー革命と産業革命――連続性・偶然・変化――』同文舘、一九九一年

レヴィナス、エマニュエル（合田正人・三浦直希訳）『貨幣の哲学』法政大学出版局、二〇〇三年

【わ行】

渡辺亮『アングロサクソン・モデルの本質――株主資本主義のカルチャー、貨幣としての株式、法律、言語――』ダイヤモンド社、二〇〇三年

渡辺格・宇沢弘文『科学者の疑義――経済学と生命科学の対話――』朝日出版社、一九七七年

渡辺眞澄『ヨーロッパ貨幣学説史と現代――J・スチュアート、A・スミス、K・マルクス、J・M・ケインズ――』梓出版社、二〇一〇年

英語文献

Douglas, Clifford Hugh, *Ecnomic Democracy*, General Books, 2012 (original edition : 1920)

Merricks, Linda, *The World Made New : Frederic Soddy, Science, Politics, and Environment*, Oxford University Press, 1996

Mill, John Stuart, *Collected Works of John Stuart Mill : Principles of Political Economy*, Books I-II, III-V, Liberty Fund, 2006

Russel, Jesse, Cohn, Ronald, *Wealth, Virtual Wealth and Debt*, LENNEX Corp., 2012

Soddy, Frederick

Wealth, Virtual Wealth and Debt : The Solution of The Economic Paradox (1933), Reprint (1961), Omni Publications

Money versus Man : A Statement of the World Problem from the Standpoint of the New Economics, Elkin Mattews & Marrot, 1933

Cartesian Economics : The Bearing of Physical Science upon State Sttewardship, Cosimo Classics, 2012

Matter and Energy, Henry Hold and Company, 1912

Science and Life : Aberdeen Adresses, E. P. Dutton and Company, 1920

事項索引

【あ】

【か】

【た】

【な】

【は】

【ま】

人名索引

【著者紹介】

寺 岡　 寛（てらおか・ひろし）

1951年神戸市生まれ
中京大学経営学部教授，経済学博士（京都大学）

〈主著〉
『アメリカの中小企業政策』（信山社，1990年），『アメリカ中小企業論』（信山社，1994年，増補版，1997年），『中小企業論』（共著）（八千代出版，1996年），『日本の中小企業政策』（有斐閣，1997年），『日本型中小企業』（信山社，1998年），『日本経済の歩みとかたち』（信山社，1999年），『中小企業政策の日本的構図』（有斐閣，2000年），『中小企業と政策構想』（信山社，2001年），『日本の政策構想』（信山社，2002年），『中小企業の社会学』（信山社，2002年），『スモールビジネスの経営学』（信山社，2003年），『中小企業政策論』（信山社，2003年），『企業と政策』（共著）（ミネルヴァ書房，2003年），『アメリカ経済論』（共著）（ミネルヴァ書房，2004年），『通史・日本経済学』（信山社，2004年），『中小企業の政策学』（信山社，2005年），『比較経済社会学』（信山社，2006年），『スモールビジネスの技術学』（信山社，2007年），『起業教育論』（信山社，2007年），『逆説の経営学』（税務経理協会，2007年），『資本と時間』（信山社，2007年），『経営学の逆説』（税務経理協会，2008年），『近代日本の自画像』（信山社，2009年），『学歴の経済社会学』（信山社，2009年），『指導者論』（税務経理協会，2010年），『アジアと日本』（信山社，2010年），『アレンタウン物語』（税務経理協会，2010年），『市場経済の多様化と経営学』（共著）（ミネルヴァ書房，2010年），『イノベーションの経済社会学』（税務経理協会，2011年），『巨大組織の寿命』（信山社，2011年），『タワーの時代』（信山社，2011年），『経営学講義』（税務経理協会，2012年），『瀬戸内造船業の攻防史』（信山社，2012年），『田中角栄の政策思想』（信山社，2014年），『地域文化経済論』（同文舘，2014年），『恐慌型経済の時代』（信山社，2014年），『福島後の日本経済論』（同文舘，2015年），『強者論と弱者論』（信山社，2015年），『地域経済社会学』（同文舘，2016年），『社歌の研究』（同文舘，2017年），『文化ストック経済論』（信山社，2017年），『中小企業の経営社会学』（信山社，2018年）

ソディの貨幣制度改革論―ノーベル賞化学者の経済学批判―

2018年（平成30年）10月20日　第1版第1刷発行

著　者　寺　岡　　寛
発行者　今　井　　貴
　　　　渡　辺　左　近
発行所　信山社出版株式会社

〒113-0033　東京都文京区本郷6-2-9-102
電　話　03（3818）1019
FAX　03（3818）0344

Printed in Japan

印刷・製本／亜細亜印刷・日進堂

ISBN978-4-7972-2784-0　C3333